Accademico Fiorention

La Sporta Comedia

Accademico Fiorention

La Sporta Comedia

ISBN/EAN: 9783742821034

Manufactured in Europe, USA, Canada, Australia, Japa

Cover: Foto ©Andreas Hilbeck / pixelio.de

Manufactured and distributed by brebook publishing software (www.brebook.com)

Accademico Fiorention

La Sporta Comedia

LA SPORTA

COMEDIA
DI GIOVANBATISTA GELLI
Accademico Fiorentino.

NVOVAMENTE RISTAMPATA.

IN FIORENZA
Appresso i Giunti. 1566.

ALL'ILLVSTRISSIMO S. E MOLTO R. DON FRANCESCO DI TOLLEDO

Signor suo osseruandissimo.

E molte, & rare virtù, Illustriss. & molto R. S. mio, che per fama ho sempre vdito risplendere in V. S. R. non meno atte forse ad illustrare la sua nobilissima casa di Tolledo, che sia quella, a nobilitare V. S. R. Et l'honesto, e lodeuole amore appresso, ch'ella dimostrò portar' à virtuosi componimenti Toscani, & particolarmente della lingua Fioretina, giudicandola (com'è il vero) tenere il principato tra le molte Toscane, in quel modo proprio, che l'Attica in tra le Grece, il giorno, che presente lei, lessi la mia Sporta all'Eccellenza del Duca di Firenze mio Illustrissimo Sig. & liberalissimo padrone, mossero & accessero di maniera l'animo mio d'acquistar' la seruitu di quella che io ho sempre desiderato insieme, & cercato, del modo di fargli conòscere apertamente quale egli è, ma non hauendo per anchora ha-

uuto occasione de poterlo fare, come a V. S. R.
debitamente si conuerrebbe, ne ho finalmente
preso vna secondo il mio bisogno, la quale se ben
non mi seruirà a farle seruitio alcuno, discuo-
pre almeno che volentieri lo farei, quando la fortuna in ciò benigna mi si dimostrasse. Et questa è, che douendo io comandato dalla necessi-
tà publicare questa mia Sporta : per non la-
sciarla andar cosi rotta, & malconcia, come
io intendo ch'ella è, per essere stata rimessa insieme, dalle parti di quegli che la recitorno, ho
voluto valermi dell'honorato nome di V. S. R.
persuadendomi, che se quella si mostrò pronta nel
difenderla contro ad alcune obiettioni, che
ingegnosissimamente le furon quel giorno fatte da S. Ella molto maggiormente l'habbia a
fare contro a qualunche altro, che a torto, o poco consideramente biasimare la volesse, si come di gia hanno fatto alcuni dicendo, & questo nome Sporta essere troppo volgare, & bas-
so, & la sporta ancora non essere molto atta a
serbar danari, e che il discorso di Ghirigoro circa a martiri, non pare interamente a proposito, e
che troppo lunge lo mandassi a nascondere la
Sporta a Pinti, ch'egli pena troppo poco a tornare, & finalmente che questa mia lingua, non
è vera Toscana, o cortigiana, che se la voglion
chiamar

chiamare, qua' forestieri, che ci hannò voluto
terminare le parole, & insegnarc parlare la lingua nostra, facendo prima Italiani, & Toscani, che Fiorentini stessi; & non s'accorgendo
quanto sieno da esser giustamente ripresi, a biasimare il volgare Fiorentino, & ingegnarsi il
piu che possono di scriuere sempre in quello. A i
quali quando mi e occorso ho risposto, che quanto io ho fatto della Sporta, io l'ho rittratto come
dicono i pittori di naturale, & harela per la medesima cagione potuta ancòr chiamare la fiasca, per ciò che duoi tenere, & nascondere danari in simili cose ho ritrouato. Il nome, de quali & per non offendere la casa dell' vno; che è
morto, che vsaua la sportellina, credo per facilità del portarsegli alcuna vola dietro, & per non
fare ingiuria all'altro, che è viuo & ancora gli
tiene & trasporta in vna fiasca di stagno, volentier mi taccio. Hor se questo è fatto seguito, & è noto a molti, perche debb'io esser biasimato del nome, non essendo egli honorato di sua
natura? Et se non l'ho preso deriuato da lei, auiene che i deriuati, in questa nostra lingua, non
pare che habbino questa gratia, ch'eglino hanno nella Latina. Del lungo ragienamento de' martiri, che fa Ghirigoro, sono state cagione le vane superstitioni de gli huomini, le quali sono co-

ſe tanto ſemplici, & ſtolte, che (come ſi dice vol-
garmente fra noi) farebbono fauellar i morti. E
quando queſto non baſti, ſcuſimi gl'infiniti eſ
ſempli di Plauto, ilquale io ho il piu, ch'io poſſo
imitato; c'ha ſempre cerco i luoghi da rallegra
re, & muouere a riſo, & in quegli ſi è lungamen-
te diſteſo, auuenga che'l diletto, debba eſſere compagno dell'utile, in coſi fatte poeſie. Et ſe
dipoi lo mandai da ſan Friano a Pinti: lo feci
perche volendo, che foſſi appoſtato da da Franzi
no, veduto da gli ſpettatori, hauendoſi ella a recitare, pareua conueniente coſa, cauar la ſcena
del di la d'Arno, & farla nella piu frequentata
parte di Firenze, accioche nel parato ſi poteſ
ſe di poi tor quella, & non ſi haueſſe a tor Ca-
maldoli. A coloro che dicon, che Ghirigoro non
puo tornare in coſi poco tempo da Pinti, non vo
glio io riſpondere, perche non conſiderano, che
in mezzo vi corre vn'Atto: & oltre a di queſto, che in vna Comedia, la quale dura vn due
hore, è lecito eappreſentar tutto quel che ſi puo
fare in vn giorno. Et finalmente quanto alla
lingua ho io riſpoſto, che io ho vſato quelle parole,
ch'io ho ſentito parlar tuttol giorno a quelle perſone, che io ci ho introdotte, e s'elle non ſi trouo-
no in Dante, o nel Petracha naſce che altra lingua
è quella che ſi ſcriue nelle coſe alte, e leggiadre, e al
tra

tra è quella che si parla familiarmente, si che non sia alcuno che creda, che quella, nella quale scrisse Tullio, sia quella, ch'egli parlaua giornalmente. Et se elleno non si trouano ancora tutte nel Boccaccio, il quale pur molte volte scrisse nelle sue Nouelle, cose familiari, auuiene, perche le lingue insieme con tutte l'altre cose naturali, continuamente senza corromperfi al tutto si variano, & mutano. Per la qual cosa non debbo essere ripreso, hauendo vsato quelle parole, che s'vsono hoggi. Queste sono le ragioni molto illustre, & R. S. mio, con lequali mi sono difeso, con quegli, che ho potuto parlare: so che a V. S. R. non ne mancherà delle molte piu efficaci, & potenti, con quegli che fuora delle mie orecchie mi biasmeranno. Piglia adunque V. Sig. R. di buon animo la mia protettione, insieme con la Comedia, e quella prego habbia in quel luogo, che si tengon le cose de' piu cari, & piu deuoti seruidori, come sono io di quella, alla quale baciando humilmente le mani, quanto piu posso deuotissimamente mi raccomando. Di Fiorenze il di 15 di Febrario.

Giouan Batista Gelli, Academico Fior.

COMEDIA DI GIO. BATISTA GELLI,
Accademico Fior.
chiamata

LA SPORTA.
PROLOGO ET ARGVMENTO.

Onſiderando l'autore, nobiliſſimi ſpettatori, quanto ſia pericoloſo il ſottoporſi al giudicio del vulgo, haueua deliberato di non far mai coſa, che haueſſe a vederſi publicamente. Pure eſſendo da certi amici ſuoi molto ſtimulato, ſi meſſe a teſſere la Sporta, che hoggi vedrete recitare, ſenza curarſi (per eſſere ſempre auuenuto coſi a chiunque ha fatte Comedie) che ella gli haueſſe a eſſer biaſmata. Percio che eglino gli hanno fatto chiaramente conoſcere, che ſolamente tre ſorti di huomini ſono quelle, che ſogliono biaſimare. Delle quali due ne ſtima egli aſſai, & della terza non tiene vn conto al mondo. I primi ſon quegli, che conoſcendo i deffetti delle coſe biaſimano con qualche ragione; la riprenſione de quali (che coſi piu toſto che biaſimo mi par di chiamarla) hanno ſempre gli huomini bene hauuta cara: perche ſempre s'impara da loro: il che ciaſcuno di ſana mente ſempre deſidera. I ſecondi ſon quegli, che biaſimano, moſſi ſolo dall'inuidia, & di hauere aſſai di q̃ſti ſarrebbe molto deſideroſo l'Authore, come quel,

quel, che fa, che l'huomo non porta mai inuidia ne a
gli fgraziati, ne a quelgli, ch'e giudica essere da meno
di se. La qual cosa conoscendo Temistocle Ateniese,
di non hauer huomo, che lo inuidasse, nella giouentu
sua amarante gia si dolcua. De'gli vltimi, che sono
quegli, che biasimano per ignoranza, non si cura egli
punto: perche e'sa molto bene, che questi cotali non
feruono al mondo, se non per fare numero, & ombra;
& appresso, che i cibi non acquistano ne lode, ne bia
simo, quando da coloro, c'hanno guasto il gusto sono
lodati, ó biasimati. Non a voluto l'Autore lasciare
di dirui queste sue fantasie, anchorche e' pensi, che
questa sua habbia per auentura a essere manco biasima
ta, che Comedia si sia fatta a' tempi nostri. Nō gia per
che ella sia miglior dell'altre, ma perche e si rēde cer
to, che tutti voi (eccetto però quei secondi) considere-
rete, che glie marauiglia, ch'e'n'habbia fatto tanto,
hauendo tutto'l giorno a combattere con le forbice,
& con l'ago, cose che se bene sono strumenti da don
ne, & le muse son donne, non si legge però, ch'elle fuſ-
sino mai adoperate da loro; Et per questo non vuole
affaticarsi a scusaruela punto; ma vuol ben risponde
re a quegli, che dicessero, che egli ha tolto a Plauto,
& Terentio la maggior parte delle cose che ci sono,
che tutto quello, ch'egli ha imparato da loro, & ha
fatto quello a loro, ch'eglino similmente secero a Me-
nandro, & a Cecilio, & a quegli altri comici antichi.
Si che ne eglino si possono dolere, se e' camina per
quella via, che essi gli hanno insegnata, ne voi ancora ne lo potete a ragion biasimare. La comedia, per

non

PROLOGO

non essere elleno altro, ch'uno specchio di costumi della vita priuata, & ciuile, sotto vna imaginatione di verità, nō tratto da altro che di cose, che tuttol' giorno accaggiono al viuer nostro. Non ci vedrete riconoscimenti di giouani, o di fanciulle, che hoggidi non ne occorre: percioche o per i tempi, che cosi n'apportino, o per le mescolenze dell'una natione con l'altra le genti sono diuentate tanto astute, che santa Anfrosina non istarebbe piu cinque anni frate, che quei padri non si fossero accorti s'ella fusse maschio, o femina: ne santo Alesso diece anni sotto vna scala senza essere da suo padre, & da sua madre riconosciuto. Il luogo oue ella s'infinge è Firenze vostra. Et questo ha fatto l'Autore per due cagioni, l'una perche ei nō saprebbe eleggere luogo doue ei credesse che a voi, & a lui piacesse piu la stanza: l'altra, perche la maggior parte de'casi, che voi vedrete sono a suo tempo corsi, & forse corrono in Firenze: & quando bisognasse vi saprebbe dire a chi, & come. Di silentio nō vi ricerca egli, che non vi ha per sì indiscreti, essendo egli non che a proposito, ma necessario; che bisogn richiederui dissimil cosa. Il nome della Comedia è la SPORTA; & è cosi detta da vna sporta di danari, che vn certo Ghirigoro de' Macci trouò gia nel dasfare vn suo casolaraccio, & temendo, come fanno il piu de'vecchi, che chiunche ei vedeua non glie la togliesse, in vari luoghi la nasconde. La quale al fin trouata da Franzino seruitore d'Alamanno Cauicciuli, che haueua ingrauidato al detto vecchio vna figliuola, & datale la fede di torla per moglie, serue per do *ta di quella, & scuoperfi il parentado con sodisfattione di ciascuna delle parti. Ma ecco di già fuora il vecchio della Sporta. Io vo leuarmi di qui, accioche egli sospettando forse, che io non glie la volessi torre anche io, non vi si lenassi dinanzi innanzi al tempo.*

LE PERSONE DELLA COMEDIA.

Ghirigoro de Macci vecchio.
Brigida serua di Ghirigoro.
M. Laldomine vedoua.
M. Lisabetta vedoua.
Franzino suo seruidore.
Alamanno Cauicciuli giauane.
Lucia serua di M. Lisabetta.
Lapo Cauicciuli vecchio.
M. Gineura sua sorella vedoua.
Gherardo fattore di Monache.
Vn Fattorino d'una bottega.
Berto seruidore di Lapo.
Polo zanaiuolo.

ATTO PRIMO
SCENA PRIMA.

Ghirigoro, & Brigida.

Bri.  F VORA fuora Brigida, fuora dich'io non odi tu? Guarda com'ella fi muoue: & fe e' non par proprio ch'io non dica a lei. V, che domin farà, e voi gridate, che voi parete proprio un'arrouellato.

Ghi. E tu mi par una fciagurata, guarda come la beftia rifponde altrui. Io dico ch e tu efca di cotefto ufcio.
Bri. E doue volete voi che io vada?
Ghi. Fuor di cafa: qui nella via.
Bri. E a che fare?
Ghi. Vedralo poi. Io t'barò forfe a render ragione di quel ch'io vo fare. Diauol ch'ella fi fpicchi da quell'ufcio.
Bri. Eccomi fuora, horfu.
Ghi. Deh pon mente come la fpiritata guarda altrui a trauerfo, et come ella ftrabuzza quegl'occhi di ftruzolo. che credi tu vedere? Diauol ch'ella fi muoua. V e s'ella non par proprio un'oca. E che fi che io ti giro una mazzata fulla tefta, il piu diritto che io fo, che io ti fo ufcir di paffo.
Bri. Deh fta a vedere, che cofa farà quefta. E che volete voi ch'io faccia?
Ghi. Va un po piu là, & volgi gli occhi in colà: & s'io non

ti chiamo, non ti volgere in quà se tu non vuoi, che
io ti rompa la testa.
Bri. Eccomi volta, se e non s'ha a far altro, faccianco.
Ma io vo innanzi andare a stare in preſſo che io non
diſſi, che hauere a cõtentar questo vecchio fantastico
Ghi. Che borbott'ella da se la sciagurata? oh come è ella
vitiata. Io le cauerò quegli occhi di testa, che ella non
potrà coſi veder cio che io fo. Odi vn po me Brigida.
Bri. Che sarà.
Ghi. Io voglio ire insino in casa, non ti partir di costì sino
a che io torno, & non ti muouere altrimenti, se tu
non vuoi, che io ti carichi di mazzate. Io non credo
che foſſe mai la piu astuta vecchia di questa; coſi fos=
s'ella impiccata, come s'è auueduta de danari che
io ho trouati: Et per questo m'è entrato vn soſpetto,
ch'io non adrei fuora, & non farei cosa, che steſſi be=
ne, se io non tornaſſi a vedere, se e sono doue io gli na
scoſi.
Bri. Per mia fe ch'io non so quel, che da forse vn mese in
qua s'habbi questo vecchio mio padrone, che e par di-
uentato mezzo pazzo, s'è infantastichito, se e foſſe
piu giouane, io dubiterei, che vna di queste feminac=
cie, non gli haueſſe fatto qualche malia, ei non eſcie
quaſi piu fuora, & tutto diſe ne va per casa di giu, et
di su. Et hor mi caccia di sala in cucina ; hor di cucina
in sala: hor non vuol, ch'io vadia in camera, hor non
vuol ch'io vadia nell'horto: in modo, ch'e non par che
è sappia, ne quel che vuol ch'io faccia, ne quel che vo
glia far egli Se e non foſſe coſi fuor del cerucllo, e ſi
sarebbe hor amai auueduto come la sua figliuola e groſ
sa

PRIMO. 15

sa: & non passerà forse domani, che ella partorirà: che di gia ell'ha cominciato a nichiare: io l'ho fatta star in camera il piu che io ho potuto, dicendo pur che ella si sente male, et tiene di ritruopica, & egli per la sua miseria, non ci ha mai voluto mandare vn medico, che la cosa si sarebbe scoperta, basta che ci dice, che la dieta è quella, che la guarirà; & gia son duoi mesi, che non ci ha mai comperato nulla: di modo che se non che Mona Laldomine qui nostra vicina, ci ha ogni di porto per l'horto qualche cosellina, che Alamano Cauicciuli, di chi ella è grauida, ci ha mandato, io credo che noi ci saremo mezze morte del stento. Eh ell'ha ben ragione di aiutarci, ch'ella fu cagione, ch'ella hauesse la pratica di questo giouane, e messecelo in casa ella per l'horto suo. ben che ella lo fece a fine di bene, che ell'è veramente vn'anima di messer Domenedio. Vedete, ella non volle mai che e'si trouasse con lei, se prima non prometteua di torla per moglie, & bacci poi sempre mai aiutate: & stamane subito, che io le dissi, ch'ella cominciaua a sentire qualche dogliuzza, ella disse che da seruolen' ir'a trouaro lo, & far in modo ch'e'si pigliereb be horamai partito. Io per me se e'non fosse il bene ch'io voglio a questa fanciulla, me ne sarei sei volte andata, che io so, che com'e' si scuopre questa cosa, io ho à essere la mala arriuata.

SCENA SECONDA,
Ghirigoro, & Brigida.

Oh, io son tutto scarico, ch'io ho trouato la porta, doue io nascosi. Brigida tornati a tua posta in casa, & serra l'uscio, & habbia cura che e' non ci sia tolto nulla.

Bri. Et a che volete voi che io habbi cura? se non ci è tolta la casa, o parecchi ragnateli, che vi son dentro, è ci puo mal'esser tolto altro.

Ghi. Ben sai che io non sono il piu ricco huomo di Firenze: & se io ho poco, io l'ho molto ben caro, & volo molto ben per me, & però mentre, ch'io sto fuora non ti mettere persona in casa.

Bri. O, se ci venisse come accade pel fuoco, o per l'acqua qualch'una di queste uincine?

Ghi. Spegnilo, licua le secchie, & di ch'elle sien cadute nel pozzo.

Bri. Et se quella uenisse per lo staccio, o per le stadere, o pel mortaio, come uoi sapete che son cose, che tutt'ol giorno se le preston l'un l'atro i buon uicini?

Ghi. Di loro, che si sieno state tolte.

Bri. O se ci uenisse per sorte qui mona Laldomine uostra comare per il fermento, come ella suole, non uolete ch'io gliene presti?

Ghi. No, no, bestia, non odi tu che no? Oh cicala un po meno. Et dicoti per ultimo, che mentre, che io son fuora tu non ti metta persona in casa; & se ci uenisse non che altro la uentura, non l'aprire, & cacciala uia. Hami tu inteso?

Bri. Messersì. Ma quando uoi tornate, arrecate qual cosa a quella pouera fantiulla, per l'amor di Dio.

Ghi. Eccoti. Non t'ho i detto, che la dieta è quella, che l'ha à guarire? Voi hauete tutte voi donne questo maladetto mendo, di uoler sempre rimpiozar tanto, ch'a

un'

vn'ammalato, il piu delle volte fate lor male.
Bri. Eh sciagurata me, che se la dieta fusse sana, ella non
　　si sarebbe ammalata giamai.
Ghi. Perche?
Bri. O, non ci fate voi mai far altro:
Ghi. Che vorremo noi star sempre in conuiti? oh vattene
　　in casa, serra l'uscio: che tu m'hai oggimai fracido.
Bri. Ecco ch'io vo.
Ghi. Serra bene: metteui la bietta.
Bri. Eccouela messa.
Ghi. Metteui anco il chiauistello.
Bri. Ecco fatto, e v'è dentro.
Ghi. Tu di le bugie, io non ve l'ho sentito entrare.
Bri. E v'è pur dentro tutto.
Ghi. Oh caualo vn poco.
Bri. Ecco.
Ghi. Rimettinelo hora vn po drento, ch'io senta.
Bri. Eccouel messo: hauete voi sentito?
Ghi. Si ho: sta bene. Vattene hor su, & fa quel che io t'ho
　　detto, acchioche poi quand'io torno, io non habbi a rō
　　perti questo bastone in su la testa. Questa ribalda mi
　　mette il ceruello a partito con le sue astutie. Ell'era
　　stamane a buon' otta in sul pianerotol della scala con
　　vn lume in mano, & con vn fuscellino razzolaua nō
　　so che sessi presso a dou'io ho nascosto la mia sporta:
　　& dice che cercaua d'un'ago, che gliera caduto. Io ti
　　so dire, ch'ella me ne dette vna balsolata delle buona
　　& cosi va tutto'l di rouigliando la casa, & razzolā
　　domi quelle poche delle masseritie, che io v'ho & non
　　le manca mai scusa: Et per disgratia stamane mi biso-
　　　　　　　　　　　　　　B　　　　gna

gna andare all'arte a squittinare, che vi si guadgna
non so che mancia che s'io non v'andassi di tratto an
drebbe il romor per Firenze, che io non istimo il gua
dagnare, & che io debbo hauere trouato qual=
che tesoro. Et cosi s'io vi vo io lascio i miei danari in
preda à costei, & s'io non vi vo, mi scuopro da me a
me; sì che t'ho la lancia da Monte rappoli in mano.
Oh mall'anni'haggia il diauolo, ecco appunto di quà
la mia comare, che mi terrà tutta mattina a bada, io
non la trouo mai, ch'ella non voglia saper tutti e fat=
ti miei, & entrami nella mia figliuola per hauerla te
nuta a battesimo, & vuol saper quand'io la marito, e
quel ch'io disegno di darle di dota: che maledette sien
queste simil genti, che non han tante brighe dal loro,
che sempre si danno di quelle d'altri.

SCENA TERZA.

M. Laldomine, & Ghirogoro.

Dio ui dia il buon di compare; doue n'andate
uoi?

Ghi. In quà; perche? è ella buona uia?

M.L. V, uoi mi rispondete stamani cosi brusco, che vuol
dire?

Ghi. Voi credete, che l'huomo sta sempre in una fantasia
medesima; oltre che chi ha de' pensieri, & chi è po
uero, come son'io, puo mal uolentieri stare, & rispon
dere allegro.

M.L. V, uoi non sate da un pezzo in quà se non rammari=
carui.

Ghi:

Ghi. Egli è perche io ho di chè comare.
M.L. Hor non ci fosse egli chi stesse peggio di uoi.
Ghi. E che sì, che quella cicala della Brigida gli harà detto qualche cosa di quei danari.
M.L. E non bisogna far tanto il pouero Noi sappiam hora mai ancor noi come ua il mondo, & che'il rammaricarsi è fatto un'arte.
Ghi. Che ti dissi?
M.L. Che è della figlioccia?
Ghi. Eh, ella la farà bene.
M.L. Io per me non credo compar mio, che l'habbia altro male, senon che ella non uorrebbe hormai dormire piu sola.
Ghi. Oh, non dorm'egli seco la Brigida?
M.L. Oh, facciamo un po'l semplice, ella uorrebbe altri, che la Brigida: & sarè pur bene, che uoi facessi hora mai pensiero di maritarla.
Ghi. Egli è un pezzo, ch'io lo feci: ma il fatto è trouar uno che faccia pensiero ditorla.
M.L. Questo non è per mancarui, se uoi farete la diligentia uostra, che come e' nasce una fanciulla, nasce la uentura sua. Et da hora innanzi, e uoi l'ordinerete una dota presso, che conueniente e mi dà'l cuore che uoi sarette innanzi che sia sera, d'hauere un genero, che uoi ue ne contenterete. Et di già ne ho fatto qualche opera.
Ghi. Et così appunto stà il fatto, che io non ho che darle.
M.L. Compare e' bisogna sconciarsi a queste cose.
Ghi. E' bisogna anche potere comare.
M.L. Voi sapete, ch'egli è mio obligo il ricordaruelo, non

B 2   tanto

tanto per hauerla io battezzata, quanto per hauerla alla morte mona Oretta vostra donna (che Dio
le facci verace perdono) tanto raccomandata, & la-
sciatomele in luogo di madre, & anche sapete, che
sono i vicini quei, che maritano le fanciulle.

Ghi. Comare, perche voi non habbiate piu a'nfraccidar-
mi, & tormi sempre il capo con vna cosa medesima,
io vi dico per vltimo, che se voi trouate vno, che vo
glia moglie, & non dota, io glie la darò; quanto
che no, stiasi tanto in casa, che Domenedio gli mandi
qualche ventura. Voi credete forse, che i danari si
trouano quà nella via eh?

M.L. Et se gli auuien poi qual cosa di quelle, che voi non
pensate, che direte voi?

Ghi. Dirò il mal che Dio dia a vn di noi due, hor lasciami
leuar di qui, che costei mi sarebbe dir qualche pazia

SCENA IIII.

M. Laldomine.

Nasse, io non so che huomo si sia questo mio com
pare. Puo far il mondo che e' non si dia pensiero
ignuno di questa fanciulla? Se egli le volessi pur dare la metà di quello, che se egli conuiene Alamanno
scoprirebbe, come ell'è sua donna, & grauida di lui;
che è non lo ritiene altro, che la pura di mona Lisabetta sua madre. Perche essendo ella, come sono la mag
gior parte delle vedoue vn poco auaretta, e dubita
com'ella intendesse, che egli hauessi tolto moglie senza dota ella non s'adirasse, e non si volesse per auentura

t ura anche rimsritare. O pure e'bisognerà, ch'e'
ci pigli qualche modo. Io uoglio ire infino allo studio
a ueder s'io posso trouarlo, & dirgli come la Brigida m'ha detto,che ella cominciò sta notte hauere qual
che dogliuzza. Et s'io n'l trouo, io'andrò poi in su
l'hora del desinare a casa sua: & riporterò certa accia,che io ho filato a sua madre, & gli accennerò,
che io ho gli uoglio un po parlare in Santa Trinita,
doue e'suole: sì, che quiui non uo io dirgli piu nulla,
che io dubito, che ella non habbia cominciato a'uso-
spettire di qualche cosa.

ATTO SECONDO
SCENA PRIMA.

M. Lisabetta, Franzino seruo, & Alamanno.

Fr. Ranzino.
Fr. Madonna.
M.L. E ito fuora Alamanno?
Fr. Madonna nò: e'si ueste.
M.L. Che uuol dire,che'si leua sì tardi? e'
douette tornare hierser'a meza notte eh?
Fr. Madonna nò. E'tornò allhora allhora, che uoi fusti ita
in camera.
M.L. Io non lo senti però. Va chiamalo un po quà. Io dubi-
to,che costui non sia anche egli un tristo, & tengali il
sacco;e'non fa mai se non scusarmelo.
Ala. Dio ui dia il buon dì mia madre, che dite uoi?

B 3   A che

M.L. A che hora tornamo noi hierſera a caſa, a meza notate eh? che noi leuiam ſi tardi.

Ala. A hora, che io ſon qui adeſſo, & a tempo a far le mie faccende.

M.L. Eh Alamāno Alamāno, tu non fai punto quel che ti conuiene. Se tu non muti modo, noi harem poco accordo inſieme.

Ala. Et fatto ſta chi ha piu biſogno di mutarlo, o uoi, o io.

M.L. Come io?

Ala. Madonna ſi, uoi.

M.L. E perche?

Ala. Perch'io non uo piu ſtare ſenz'un quatrino, come uoi m'hauete tenuto inſino a qui.

M.L. Come ſenz'un quatrino? Non ti dò io dua ſcudi il meſe?

Ala. Si, ma a che mi ſeruon'eglino hauendomen'io a calzare, & a ueſtire?

M.L. Et ſi uuol anche far le coſe con qualche modo, & non uolere ogni dì un paio di ſcarpe, & ſpendere ogni due meſi tre o quatre ſcudi in in un paio di calze. Io m i ricordo pur tuo padre andar cō un paio d' otto, o noue lire, et baſtargli anche un'anno, che nō le portaua coſi tirate, come uuoi far tu: e uſaua le ſtringhe di cuoio, & cigneuaſi con un buſecchio, doue tu ſpendi hoggi un teſoro in ſtringhe, & in becche, & fu altro huomo, che non ſarai mai tu; che e'ſapeua guadagnarſi un fiorino a ſua poſta; & tu nō ſei buono ſe nō a ſpēdere, et andarti a ſpaſſo. Eh quāto ſarebbe egli il meglio, che tu ti poneſſi a fare qualche coſa.

Ala. E parui e' che gli ſtia bene hor che io ſono un'huomo che

SECONDO.

che io mi ponga a star con altri?
M.L. No, ma tu potresti tor moglie, & por la dota in su
vna bottega, & starui poi anche tu.
Ala. Ragionatemi d'ogn'altra cosa, che di moglie.
M.L. Io per me non so vn tratto a quel che s'habbi a seruire questo tuo studiare; & anche veggo, che la maggior parte di questi, che v'attendono, son poueri.
Ala. Non dite cosi mia madre, che e' non puo essere il piu
bello ornamento a vn gentilhuomo, che le lettere
M.L. Si a chi è altrimenti ricco, che non sei tu: & Dio sa
anche come tu v'attendi. Al manco quand'io teneua il maestro, io sapeua pur quello, che tu faceui; ma
quel fantastico di Lapo tuo zio, si cacciò nel capo,
che io lo mandassi via; & Dio sa quanto disagio io
n'ho patito, che ho hauuto a ire poi fuori di casa per
sei bisogni, che a tutti sopperiu'egli. Ma lasciamo ire
da poi che tu hai tanta voglia di studiare, io per me
non voglio anche stortene; ma io ti dico bene, che se
tu non tieni altro modo circa allo spendere, & al tornare a casa, io riuorrò la mia dota, & arrecheromi a star da me; che io non vo lasciarti mandar hor
male, cio che io ho, per hauere a stentar poi quand'io
sarò vecchia.
Ala. Mia madre, io mi sono ingegnato sempre, e'ngegnerommi di far parte del debito mio, & di honorarui,
come si conuiene; ma quando pur uoi uogliate starui
da noi, diuidianci a uostro piacere, ch'io harò pacienza.
M.L. E che diuisione uuoi tu fare? esciti di casa, & stamo
diuisi; che qui ogni cosa è mio.

B 4   Al no

Ala. Al nome di Dio, e'bisognerà altro che parole.

M.L. Io moſtrerò quando e'ſarà tempo, ben'altro che parole, ma ua alle faccende tue, & penſaci ſu molto bene, perche io ti ſo dire, che io l'ho deliberato. Ma odi quà, quando tu torni a deſinare, recami la moneta a queſto ſcudo, che ſe ci ueniſſe la tua mona Laldomine a riportarmi cert'accia, che ell'ha di mio, io la poſſa pagare,

Ala. E perche coſi mia?

M.L. Che ſo io? Io ueggo, che uoi fate inſieme ſi lunghi ragionamenti, deh dimmi un po, di che fauellate uoi tanto?

Ala. Oh, mia madre, io ho hauuto, mediante le parole ſue i maggior piaceri, che uoi ſentiſſi mai.

M.L. E che piaceri?

Ala. Dirouelo; ella mi domanda qual'è miglior oratione, o quella di ſanta Maria in perpetua, o quella della Intemerata, e ſe gli è il uero, che chi ſa i tredici uenerdi non ueggail diauol quand'e'muouere, & coſe ſimili da far ridere le pietre.

M.L. Delle noſtre; ſempre mai noi ſtratiam le pouere perſone; io mi penſauo ben coſi; ma laſciami andare alla meſſa, che gli è tardi; Tieni a mente quello che io t'ho detto.

SCENA II.
Alamanno, & Franzino.

SE glie'l uero, che'l buon di cominci da mattina, come per prouerbio ſi dice, queſto di hoggi non ſia per me troppo buono; imperoche oltre alla ſpauentoſa cosa predica,che mia madre m'ha fatta;ella mi ha dato in cambio d'uno scudo un bel quartreuolo, perche io glie lo cambi, & bisognami farlo a ogni modo. Et questo si è, perche circa a un mese fa trouando la chiaue della cassa, dou'ella tiene i danari, io gli tolsi circa a dieci scudi; & perch'ella non se n'auuedesse, ui messi altrettanti quartreuoli. Hora, o che ella se ne sia auueduta, o che ella l'habbia fatto semplicemente, otto giorni fa ella me ne dette un,che io gli ne cambiassi; io perche ella non conoscesse l'inganno, che io gli haueua fatto, glie lo cambiai. Hora ella me ne ha dato un'altro, & io non ho un quattrino, & pur mi bisogna farlo. Perche se io la stranassi, ell'è superba, ella s'adirebbe, ella riuorrebbe la dota sua, & fors'anche si rimariterebbe, come ella tutto'l giorno mi minaccia. Et se io glie ne hauessi a rendere, mio padre hebbe tanto da lei, & anche spese tanto per hauere hauuto gran dota, che e'mi resterebbe poco, o niente. Che maladette sieno le gran dote, & chi le trouò; che elleno danno l'un cento piu sconcio a una casa quando ne hanno a uscire, che acconcio, quando elle u'entrono. Ma lasciami chiamare il mio seruidore qualche modo trouerà agli.Egli è astuto,uuolmi bene,& hammi sempre gagliardamente,in ogni mio bisogno seruito,Franzino,Franzino.

Fr. Signore.
Ala. Vieni un po insin qui
Fr. Eccomi padrone,che comandate?
Ala. Ben sai che mia madre mi dette uno di que'quaternoli a cambiare.

Fr.

Fr. Be, se costei se n'è auueduta, padrone, uoi harete trat
to a i colombi uostri.
Ala. Tant'è qui bisogna prouedere qualche danaio.
Fr. Padrone io non saprei piu come mi fare. Grano non
è piu da toccare, ch'ella se n'accorgerebbe. Il fittaiuo-
lo di piano non uuol piu reggere, & da tor piu nulla
non ci è per casa, che ella non se n'auuedesse.
Ala. Oh se tu mi manchi hora, io uo dire, che tu non sei
quel ualent'huomo che io mi pensaua, & che tu non
mi uoglia quel bene, che tu m'hai detto.
Fr. Alamanno io non uorrei però entrare anche tanto in
là, che ci hauesse a capitar poi sotto male.
Ala. E di che dubiti tu? Io ho a essere alla fine il padron'io
Fr. Vdite; e'mi è uenuto hor nella mente un modo. Voi
hauete quelle calze rosate, che uoi ui faceste, che mona Lisabetta ui tiene serrate, & non uuole che uoi le
portiate, & quella spada fornita d'argento, che uoi
ui ricordate, che ella prestò l'anno passato alle Monache per fare quella comedia, & che elleno la tenne
no piu d'un mese. Andateuene a suor Domitilla uostra zia, che io so, che ui uuol tanto bene, & ditele,
che uoi uorresti seruiruene un giorno a andar di fuo
ra con certi uostri compagni, & perche uostra madre non ue le darebbe, che di gratia mandi il lor fat
tore accattarle da lei, & dica similmente d'hauere a
fare una Comedia; ma che sopra tutto guardi, ch'ella
non se n'auuegga, che ella non glie ne manderebbe;
& andate poi per esse, e'mpegnerenle. In tanto qual
cosa fia inuanzi, che elle s'habbino a rendere, Dio sa
chi ci sarà: Di cosa nasce cosa, e'l tempo la gouerna.
                                                    Ala.

Ala. Alla se che tu hai pensato bene, & voglio andar hor'
hora senza perder piu tempo. Dammi la cappa, e fa
presto, ch'io veggo colà giu Lapo mio zio, io non vo
che e'mi vegga, che e'nō mi facessi un predica, come
suole, & tenissimi un pezzo a bada.

SCENA TERZA.

Lapo Cauicciuli.

CHI mi domandasse hora quel ch'io vo a far fuora, certamente, che io non glielo saprei dire: &
cosi quand'io sono in casa, chi mi tiene, io gli rispon-
derei il medesimo. Et questo nasce da non hauer faccende, ne che mi chiamin fuora, ne che mi tenghino in
casa: Fuora non ho io nessuna: perche io mi viuo in su
l'entrate, & non so nulla, & non attendo a stato. In
casa manco: perche io non presi mai moglie, & son
solo, & non ho a gouernar se non me, onde io vengo
a viuer sempre ocioso: & questo ocio non mi è forse cagione di manco noia, che si sieno a un'altro le faccende. Et cosi gli huomini non si contentan mai, chi si
rustica nel bene, & chi si dispera nel male. Io conosco la infelicità di coloro, che hanno donna, & la in-
quietudine, che arrecano i figliuoli, o buoni, o cattiui
che e'sieno. Nientedimeno quei pochi mali che sono
nel mancarne non mi lasciano riposare. Et primamē
te mi dà noia l'hauer a lasciare la roba mia a un mio
nipote, che sempre ha fatto, & fa poco conto di me,
& son certo che e'la manderà male in otto di. E s'io
non lo fo, io sarò biasimato: perche in fatto, in fatto

io farei contrò al douere. Offendemi poi la folitudi-
ne,nella quale io uiuo,& non hauere chi habbia cura di me,ne delle cofe mie, non hauere in cafa con chi
ragionare,fe non con la ferua,o col famiglio,che fti-
mon poco i ragionamenti d'altrui. Et fe io ammalo
hauere a ftare a gouerno de'feruidori: l'amor de'quali
dura folamente quáto l'utile.Stimolami anchora l'ho
nore; perche chi non toe moglie, alla fin'è tenuto un'
homaccio;& bene fpeffo fe gli appongono de'peccati,
che e'non fognò mai. Dellequai cofe, mentre che l'huo
mo è giouane facilmente fi difende; perche la giouentu ti diletta per fe medefma, & arrecca feco mille
fpaffi,& mille compagnie, che ti fanno paffare il te-
po,che poi tutte fi perdono nell'inuecchiare. In fom-
ma,tutti i noftri modi del uiuer fon pieni d'affanni.
Ma ecco di quà la mia forella,& la cognata.Doue ne
uanu' ellen cofi infieme?

SCENA IIII

Gineura, Lapo, & Lifabetta.

D IO ti dia buon il di Lapo.
Oh Gineura, buon di & buon'anno, & anche a
te Lifabetta ; onde ne uenite uoi cofi in copia?
Lif. Da udir meffa.
Lap. Da udir meffa,o da cicalare?
Gin. Da far me'che non fanno gli huomini:che fe noi cica
liamo, almanco ftiam ferme, & non andiam tuto quà
to'l giorno ronzando in quà,& in là,come fatte uoi.
Lap. Et noi ragionam di qualcofa d'importanza, & non
delle

SECONDO.

delle gatte & delle galline, come voi.
Gin. E io so ben che noi stam tutte pazze.
Lap. Cauane te.
Gin. Io non ne vo'cauar persona, che io son piu pazza, che l'altre.
Lap. Et io so ben che ti par esser sauia, e anche sei tenuta.
Gin. Io dico che noi siam tutte a vn modo.
Lap Horsu, sia come tu vuoi, io non vo far qui questione; e tu Lisabetta, come la sai?
Lis. Farcia bene se quel nostro Alamanno si volesse hora mai rimutar vn poco, & non istar fuora tutta notte, com'e' fa, l'ho caro d'haucrui trouato, che io vorrei, che voi lo sgridassi vn poco, perche s'e' non muta modo, noi harem poco accordo insieme.
Lap. Lisabetta egli è vn battere il capo nel muro, ne l'ho sgridato tanto, che tu nō sai, che io sono oramai stracco. Ma tu ne sei cagion tu, che lo vuoi sempre contentar troppo d'ogni cosa.
Lis. Cagion ne sete stato pur vuoi, a farmi mandar via quel nostro maestro, che ne haueua cura, onde io sapea ogni di quel che ei faceua. Et egli hauendo compagnia la sera in casa, non haueua cosi voglia d'andar fuora.
Lap. Eccoci in sul maestro. Pareuat'e' però giustesse bene. che vna tua pari vedoua tenesse in casa a quel modo un'huom di ninticinque, o trenta anni?
Lis. Che huomo? Egl'era Pret'egli?
Lap. Oh i Preti non son'huomini?
Lis. Si, ma che ha a fare? e son religiosi, & possono stare in ogni luogo.
Lap. Deh non ne ragioniam piu, che tu mi faresti dir qualche male.

Lisa. Tant'è: io vi dico Lapo, che se voi non ci riparate, e gli è per la mala via.

Lap. Lisabetta, egli è grande, et grosso, et atto a conoscere il così ben suo, com'uno di noi: Io gli è lo ridirò; ma io so che gioverà poco: perche egli ha capo duroro, & vuol far a suo modo, & non ci so vedere alla fine senon vn di questi due rimedij; o mandarlo di fuora, o dargli moglie.

Lisa. E son begli cotesti rimedi, s'e' fa mal qui, doue egl'ha tanti de' suoi che lo riprendono; colà dou'ei non hauesse persona, che farebbe egli? Et non mi piace anche il dargli moglie (bench'e' non vuol vdirne ragionare) perche se io combatto hor con lui, io harei poi a combattere, & con lui, & con lei.

Lap. Be trouaci il rimedio tu. Io non sono Domenedio, ch' io sia per rifargli il ceruello, io non ci posso far altro Se e' farà bene, io l'harò molto caro: & se e' farà male, suo danno. Oh vatti con Dio per l'amor di Dio, & non ne ragionam piu.

Lisa. Et così farò. Et tu Gineura, che voi fare?

Gin. Io me ne voglio ire in verso casa.

Lisa. Et io farò il medesimo.

Gin. Hor va col buon dì.

Lisa. Va col buon dì, & col buon anno.

SCENA V.

Lapo, & Gineura.

Vedestu mai Gineura, con che superbia sempre mai costei sauella altrui? se glie' mio nipote, egli è suo è suo figliuolo, & hormai è fuor di pupillo: & s'ella se ne lauerà le mani, io me ne lauerò le mani, & i piedi.

Gin. Lapo, la Lisabetta hebbe sempre mai quell'altergia nel capo; & ha quel rigoglio per parergli hauer dato gran dotta. Ma se tu facessi a mio modo, tu ti disporresti a tor moglie, & cercaresti d'hauer un figliuolo, che come e' perdessino la speranza d'hauer a redare la roba tua, e' farebbe forze egli, & ella altro pensiero.

Lap. Ell'ha anche auuezzo il figliuolo superbo, che somiglia tutto lei.

Gin. Et tu di bene il vero. E fanno quel conto di te, & di me, che del terzo piè, che e' non hanno; ma fa quel ch' io t'ho detto, et farai lor tornare il ceruello i capo

Lap. Io non uorrei anche però per far' un'altro, disfarme & cercar d' hauer un figliuolo; che hauesse hauer nome per me. Io sono hormai molto bene in là.

Gin. Tu non sei però sì uecchio, che non possa ancora uiuere quindici, o uenti anni bene bene.

Lap. Gineura a dirti il uero, io ci ho pensato di molte uolte da me a me, perche hor che io sono inuecchiato lo star solo mi rincresce; ma io non mi ci so acconciare.

Gin. Non uedi tu che tu uiui com'una bestia? Tu stai a gouerno di seruidori, che sai chi e'sono, & morratti forse un dì che e' non ti uedrà persona; & senza hauer chi ti soccorra pur d'un bicchier d'acqua, o getti pur una lagrima per la morte tua.

Lap. In quanto a cotesto, io non harò anche chi ne faccia gettare a me in uita, standosi così.

Gio

Gio. Lapo, io vo che tu faccia a mio senno, che come io ti
ho detto piu volte, tu ne benedirai anchor mile volte il giorno, & l'hora.

Lap. Horsu, io son contento. Ma vedi c'bisogna aprir molto
ben gli occhi a chi viene altrui innanzi.

Gin. Lasciati consigliar a me, che se non ti curi di dota,
io ne ho disegnat'una: che sarà il bisogno tuo.

Lap. E non basta consigliarne me solo, e' bisogna anche
consigliarne colei, che tu vorresti darmi, & mostrarle, che io son ancor io il bisogno suo.

Gin. Disponti prima tu da douero a torla, & vedrai, come io t'ho detto, che la cosa riuscirà, & piaceratti
sommamente.

Lap. In verità, che di dota non mi curo io molto, che per
gratia di Dio, io ho tanto, che mi basta: ma il tutto è
non mi mettere in casa qualche bestia, che mi faccia
uiuer mal contento tutto'l resto del tempo, che io ci
ho a stare. Oltra di questo bisogna di molte cose a contentar una moglie: delle quali io sono isfornito. Io
so ben cio che mi dico. Tu senti pur tutto'l di quel che
le sanno fare.

Gin. Si quelle, che sono di cattiua raza. Ma l'altre son ritenute dalla buona mente loro, & dal timore della
vergogna, & volgono i pensieri alle faccende di casa, & contentare i mariti, & gouernare i figliuoli,
& piglione auangloria, & piacere: & vedesi non fa
re manco errori a quelle che hanno i mariti giouani,
che a quelle, che gli hanno vecchi. Perche i giouani
uanno quà & la & non le stimano, & fannole disperare, in modo, che di molte volte per vēdicarsi si danno

no alla trista: doue i vecchi tornano sempre a casa, vezzeggiandole, temono di offenderle, in modo che e'uien loro manco voglia di far male; & quando pur elle volessino, ell'hanno manco commodità.

Lap. Queste tue ragioni son molto belle; ma io non so come elleno si siano vere.

Gin. Elle son vere dauanzo.

Lap. Horsu andiamo vn po piu là. Chi è questa, che tu mi consiglieresti che io togliessi?

Gin. La figliuola di Ghirigoro de'Macci; che come tu sai gli sono stata uicina dietro di molt'anni.

Lap. In uerità, che ella non mi dispiace.

Gin. Io so che tu dirai che ella sia pouera; ma del resto se tu cercassi tutta Firenze, tu non puoi trouar cosa, che faccia piu per te.

Lap. Al nome di Dio.

Gin. Ell'è di buone persone, ell'è auezza col poco, & se le mancherà di quelle cose che tu di, ella ne harà tante dell'altre, che ella douerà star contenta.

Lap. Gincura io son disposto a torla, quando e'si disponga egli a darmela; ma che modo ti par ch'io tenga?

Gin. Ghirigoro è un'huom un po sospettoso, & fantastico, & il non saper forse accomodarsi alla natura potrebbe ageuolmente guastar il tutto. E però io crederei, che fosse bene, che tu glie ne chiedessi tu stesso domesticamente.

Lap. Questo tuo disegno non mi dispiace; & se tu credi che m'habbia a riuscire, io lo farò.

Gin. Io credo certamente, che come tu gli offerri di torla senza dota, che e'te la dara, & la fanciulla per esser

C   stata

stata gia due anni serrata in una camera, si contenterà
d'ogni cosa, anzi gli parrà toccare il ciel col dito.

Lap. Io ho speranza ancor' io, che t'habbia a riuscire.

Gin. Et però si uuol cauarne le mani.

Lap. Horsu, io uo dar una uolta, & ingegneromi di riscontrarlo, & chiederoglielà sicuramente. Il peggio che
ce ne possa interuenire è l'hauer a starsi ne suoi termini medesimi.

Gin. Così è da fare. Rimanti col buon di, ch'io me ne uoglio ire in uerso casa.

Lap. Io ti ragguaglierò di quello, che seguirà, ma sta a udire. Venne stamani il mio lauoratore acconciarti l'horto?

Gin. Si, Nencio uenne. Io lo lasciai dianzi in opera.

Lap. Basta, perch'io gli haueua detto, ch'e' venisse stamane
in ogni modo, ma digli che innanzi che se ne uada mi
faccia motto.

Gin. Così farò; ma odi tu Lapo, questa donna, che uiene in
quà te ne potrebbe informar bene, perche ella sta da
lato a Ghirigoro a muro a muro.

Lap. No, no: Vatti con Dio. Io non uoglio anchora che lo
sappi tutto Firenze.

SCENA VI.

M. Laldomine, & Alamanno.

Io ho tutta mattina aspettato allo studio per parlar a Alamanno: e' son usciti, & non ui è mai capitato. Et sarà meglio, che io uada inuerso casa per
quel l'accia, et farò, com'io ho disegnato, che mi bisogna

SCECONDO

parlargli stamane a ogni modo. Ma sarebb'egli mai
quello, che viene in quà. com'e'mi pare? Egli è desso
Oh ringratiato sia Dio. Io mi vo fermare a spettar-
lo un po qui.

Ala. Non è quella mona Laldomine, com'ella mi pare? Si è.
Oh io saperrò pure qualcosa della Fiammetta. Io non
sto mai un'hora che io non me ne ricordi. Oh che gra
dispetto è l'esser innamorato, & nel modo che son io
& doue e'bisogni hauer tanti rispetti. Dio vi dia il
buon di mona Laldomine, oue n'andate voi?

M.L. Cercaua di te, & hotti tutta mattina aspettato allo
studio, & non vi se mai capitato.

Ala. Io vengo per insin qui da un munistero: & però non
vi sono stato.

M.L. E ch'andiam noi a fare a munesteri?

Ala. Non male alcuno. Vengo da ueder una mia zia. Che
è della Fiammetta?

M.L. Bene, se tu l'ami, come tu suoi; altrimenti no.

Ala. Oh dubitate uoi di questo? Quand'ella non meritasse,
che merita questo, & meglio, nol far'io per osseruar-
gli la fede, che io gli ho data?

M.L. Ehi Alamanno, cosi fanno gli huomini da bene. Et pe
rò chi s'impaccia con loro, non fa mai male. Io ueniua
a trouarti per sua parte per dirti, come egli sono co-
minciate le doglie. Si che horamai bisogna scoprir
questa cosa. Di che hai tu paura? Tu non sei il primo la fanciulla e bella, & buona, & nata di buon parentado: & non si puo dire altro, se non che ella non
ha dota.

Ala. Gia non mi ritien egli altro: & non per mio conto;

ma per rispetto di mia madre, che sapete, che donna
ella è: ma tornateuene hora a lei, & confortatela
per mia parte hauer prcienza infino a stasera: che se
io douesse perdere cio ch'i'ho, io sarò con lei stasera
a ogni modo. Io voglio hoggi prouare se io ci potessi disporre mia madre, in qualche modo, se non io non
harò piu rispetto ne a madre; ne a altro, ma io non
posso credere, che e'non ci habbia a nascer oggi qualche buon partito: che io so che la fortuna non fa mai
vno ne misero, ne felice affatto.

M. L. O che benedetto sia tu Alamanno. Io vò. Vn'altra co
sa ti vo ricordare, che quiui non è d'ignun viuente
bene.

Ala. Andate via, che innnanzi che sieno due hore, io man
derò a casa vostra cio che io penserò che vi sia di biso
gno. Horsu Alamanno eccoti nel colmo di tuoi traua
gli, Che partito piglierai tu? questa cosa non si puo
piu tener segreta, andiamo innanzi, & mostriamo il
viso alla fortuna, che ella suol sempre fauorir gli ani
mosi. Io voglio irmene in casa, & conferirlo con Fran
zino, & pensar vn modo da scuoprir questa cosa: che
io non vo piu viuere in tanta ansietà, ne manco vo
glio che ci viua ancor'ella.

ATTO

SCENA PRIMA.

Ghirigoro, Lapo, & Brigida.

Vesto squittinare è stato sta mane una lunga intemerata, & Dio sa con che cuor'io vi sono stato? che tuttauia mi pareua, che l'animo mi dicesse la Brigida ha trouata la sporta, & anche dubito, che ella non habbia cicalato in modo, ch'e' si sappia per tutto Firenze, che stamane mi ha fatto motto tale, & tale mi ha riso in bocca, & inchinatomi, che un mese fa faceua uista di non mi uedere; & non son però huomini da uccelar a saue: Certo e gl'hanno fatto come quei che debbon sapere, che io son diuentato ricco, & doue prima mi fuggiuano per paura, ch'io non gli richiedessi di danari, mi uerrebbono hor dietro per tormi quei ch'io ho, ma questa Gazza hara pelata la coda: Io penserò ancor io al fatto mio. Ma chi è questo, che ne uien così diffilato inuerso me? O egli è Lapo Cauicciuli. Costui anche non mi soleua mai quasi fauellare, & hor uien ghignando alla uolta mia. Qualche trappola ha ei tesa, facc'egli. Io starò anch'io in su le mie.

Lap. Iddio ti mantega Ghirigoro.
Ghi. Oh guarda bello introito, che è stato questo: oh se e' mi mantenesse, non mi manterebb'egli pouero? Oh odi bel fatto,

Lap. Ghirigoro chi ſi contenta delle coſe neceſſarie, rade-
volte è pouero: & a te ſo io, ch'elle non mancano.

Ghi. diſſit'io, che quella cicala della Brigida harà detto
qualche coſa di quei danari?

Lap. Che di tu coſi da te?

Ghi. Dolgomi della mia pouertà, & della mia miſeria, &
par'anche fuſſ'io laſciato ſtare.

Lap. Oh hai tu per male, che l'huom tal volta ti conforti?

Ghi. Eh queſt'uſanza fu ſempre mai, che i ricchi voglion'
il giuoco de poueri. Lapo ſe tu ti trouaſſi vna fanciul
la da marito com'io ho, & ſenza aſſegnamento alcuno, tu penſereſti forſe a altro.

Lap. Ghirigoro non ti sbigottire. Iddio ti aiutarà; & da
hora innanzi ſe tu hai biſogno di coſa alcuna, che io
poſſa richiedimi.

Ghi. Hor ch'ei m'offera è che e'mi vuol giugnere. Queſto
è il cacio per farmi entrar nella trappola. Non cre-
diate manco a vn ricco quando e'fa carezze a vn po
uero. Et forſe, ch'io non le conoſco queſte bocche di
ramarro.

Lap. Non ti doler tanto, & ſtammi vn po a vdire, che io
ti vo parlar d'una faccenda, che ſecondo me tu l'ha-
rai caro.

Ghi. Io ſon contento; ma e'mi biſogna prima andare'inſino
in caſa, & tornerò qui hor'hora aſpettami, io non farei coſa buona s'io non ſapeſſi prima ſe la mia ſporta
è ſalua, Brigida, Brigida.

Bri. Meſſere.

Ghi. Apri, & fa preſto.

Bri. Ecco, che volete?

Ghi.

Ghi. Va là, vanne su in sala.
Lap. Io non credo che in questa terra sia il piu sospettoso, e'l piu fantastico huomo di costui starai a vedere che e'non tornerà piu: & quando pure e'torni, che com' io gli comincio a ragionar di voler la figliuola per moglie, e'non uorrà star a udirmi. A che fine è egli ho ra ito in casa? oh eccol fuora, miracolo.
Ghi. Brigida.
Bri. Messere.
Ghi. Vien giu: & metti il chiauistello in quest'uscio, e spaciati. Horsu eccomi a te: che di tu?
Lap. Io ti priego che tu mi stia a udire, & innanzi che tu mi risponda, tu consideri bene quel ch'io dico.
Ghi. Cosi farò: pur che ella sia cosa, che faccia per me.
Lap. Ghirigoro, non m'hai tu sempre hauuto per huomo da bene?
Ghi. Si certamente.
Lap. E non sai tu che io ho buone sustanze?
Ghi. Si cosi l'hauess'io.
Lap. Et che ancor ch'io sia un poco attempatetto, che io son sano, & gagliardo?
Ghi. Si: orbè che vuotu dire?
Lap. Dirotelo hora. Et perche io so ancor'io chi tu sei, ho voluto parlarti sicuramente. Io desidero, quando ti piaccia, che tu mi dia la tua figluola prr moglie.
Ghi. Eh Lapo, e'non è cosa da huomini da bene voler il gio co de'poueri.
Lap. Dissit'io, che tu non rispondessi sì presto? Ghirigoro io dico da miglior senno, ch'io ho.
Ghi. E che ti muoue a far questo?

Il

TERZO.

Lap. Dalla Gineura mia sorella, che sta dietro a te in quel la casa, che ha appiccato l'horto col tuo.

Ghi. Dißit'io? Colei harà piena la vicinanza de' fatti miei Ohimè, ohimè, io sono spacciato.

Lap. Che hai tu?

Ghi. Ho sentito nõ so' chi picchiare in casa mia. Dio voglia che e' non sia rouinato qualcosa.

Lap. E serà nell'horto della mia sorella, che vi è il mio lauoratore, che glie n'acconcia. Ma doue è andato costui. Dißit'io che e' si fuggirebbe com'io gli ragionaua della figliuola? In fine la maggior parte de' poueri, com'un ricco si uuol far lor amico, o lor parente in so spettiscono, & fuggonlo.

Ghi. S'io non le cauo la lingua, non mi lasci mai hauer Iddio cosa che desideri. Io so ch'ella andrà manco cicalando de' fatti miei per la uicinãza, insine che di tu Lapo?

Lap. Credi tu però Ghirigoro, che in un simil caso di tanta importanza io uoleßi la baia di te? Voimela tu dare?

Ghi. Io te la darò: ma in quel modo ch'io t'ho detto.

Lap. E cosi sta col nome di Dio: pon su la mano.

Ghi. Senza dota intendi bene.

Lap. Io ho inteso: pon su, buon pro ci faccia.

Ghi. Dio uoglia. Et uedi non m'andar poi ingarbugliando con consigli di notai, che l'habbia hauer la legitima, o la tribiliana Io non t'ho a dar nulla.

Lap. Così dico anch'io: non dubitare che e' non ci sara differenza alcuna. Ma uedi io uo darle stasera l'anello; acciò che suora si senta prima lo scoppio, che si uegga il baleno.

ghi.

Ghi. *Facciasi come tu vuoi: bench'ella non si sente troppo bene.*

Lap. *Io uo andare à dirlo à certi miei parenti, & di poi ne verremo stasera Alamanno mi nipote, & io solamente, & il piu un'altro: Non entrare in far ordine.*

Ghi. *Oh tu l'intendi, questi non sono temporali da entrare in spese.*

Lap. *Vuoi tu ch'io facci nulla?*

Ghi. *Non altro. O Dio quanto importa l'hauer danari. Certo costui harà inteso, che io ho trouato questo tesoro, & per cauarmelo dalle mani ha cercato di esser mio genero, ma ei l'harà errata.*

SCENA SCECONDA.

Ghirigoro, & Brigida.

Doue sei tu cicala? Che vai cicalando per tutta la vicinanza che io son ricco. Apri quà, io dico à te Brigida sì: hor va spazza la casa, & netta quel po del ottone & rassetta la camera, che io ho maritata la Fiametta, & stasera ci viene il marito à darle l'anello. E se tu vuoi pur chiamare un po Mona Laldomine che t'aiuti, & tu la chiama.

Bri. *Vh fannosi queste cose cosi di subito?*

Ghi. *Perche? hauenonten'io à chieder licentia?*

Bri. *No, ma perch'ella sta à quel modo, non si potrebbe egli indugiare un di piu la?*

Ghi. *No no, non odi tu che e'ci viene stasera?*

Bri. *Et à chi l'hauete voi data?*

Ghi. *A Lapo Cauicciuli, fratello della Gineura, che ci sta dietro.*

dietro.
Bri. A quel vecchio, che non pare che ſi regga ritto?
Ghi. Egli ha della robba.
Bri. E s'habbia,bella coſa dare una fanciulla di diciotto an
 anni à uno che n'ha piu di cinquanta. Ma io ui ſo dire che ella non lo vorrà.
Ghi. Et io ti ſo dire che ella lo torrà,o io la caccierò in un
 moniſtero, & far uela ſtare s'ella ſcopiaſſe, ſi che
 non mi rompete la teſta,ne tu,ne ella.Io voglio ir ſu
 à dirglielo,& poi andrò in mercato vecchio a pro-
 ueder qualcoſa da cena.Tu ſerra coteſto uſcio, & fa
 in tanto quello ch'io t'ho detto.
Bri. Che ho io à fare qui? Vedi che gli è pur venuto il dì
 della mia rouina; queſta coſa biſogna che ſi ſcuopra,
 Iddio ſia quello che ci aiuti, che io dubito che queſte
 non ſieno per me un paio di doloroſe nozze. Ma laſciami leuar di qui,che il fattor di Suor Benigna, chè
 uiene in quà non mi teneſſe à bada, che io uoglio eſſer à tempo accennar la Fiametta prima ch'ella ri-
 ſponda al uecchio.

SCENA TERZA.

Fattore.

COſtor dicono che e' prouerbi ſono tutti ueri. A
me non par gia uer queſto, che tutto'l dì m'è bat
tuto nel capo, che tre ſon quegli, che ſtanno ſi bene,
Il gallo del mugnaio. Il can del beccaio, & il fattore
delle monache.Perche il gallo del mugnaio, biſogna
che s'habbia una gran cura da chiunche ua a mulino,
perche

ATTO

perche e' par ciascuno potendo rubar al mugnaio fare un sacrificio à Dio. Il can del beccaio bene spesso tocca di uecchie bastonate dal padrone, che beccai per praticar tutto'l giorno con bestie sono tutti impatienti, & bestiali. Noi fattori se ben mangiamo come il caual della carretta, col capo nel sacco, questo nostro pane è accompagnato da tanti guai, che sare meglio guadagnarlo con la zappa. Io non fui stamane prima tornato da far le cerche con la cassetta, ch'elle mi dettono tante sforte, ch'io paio il diauolo dell'ampollez. & con quanti rimbrotti elle m'impongono le imbascia te, che io ha a fare. Et questo nasce, perche elle son sempre adirate fra loro, & non sanno mai se non gridare insieme. Io uo rinegare il mondo, se fra cinquantadue monache che sono nel nostro monastero non sono sempre almeno quarant'otto questioni. Et di che sorte. Ell'ha colta una Viuuola al mio testo, ella m'ha scambiata una banda, ell'ha teso il suo bucatino, dou' io soglio tendere il mio, cose tutte che non uagliono dua quattrini. Io non so mai come si fa quel pouero Prete, che le confessa, & come egli ha mai tanta patienza, ch'egli stia tutto'l giorno alla predella, a udir queste lor nouelluzze. Come non perd'egli il ceruello ch'elle sarebbono impazzar Salamone. Egli è testé lor tocco la fregola di far una comedia; otto di prima, & otto di poi, si durerà a portar cose in quà, & in la. Ma ecco la casa di mona Lisabetta; lasciami picchiar l'uscio. Tic toc.

SCENA

TERZO.

SCENA QVARTA.

Alamanno, Gerardo, M. Lisabetta, & Lucia.

    CHi è, o Gherardo, che si fa?
Ghe. Ben che Dio vi dia, è mona Lisabetta in casa.
Ala. Si è, aspetta io la chiamarò qui. Mona Lisabettà.
M.L. Chi mi vuole?
Ala. Venite giu: il fattor delle monache.
M.L. Eccomi. Oh Gherardo tu sia il ben venuto, che di tu?
Ghe. Suor Dimitila vi manda questa insalata, & dice co-
    me voi state, & che si raccomanda a voi.
M.L. Quest'è troppo oh, o ell'è bella.
Ghe. E dice che vorrebbe, che voi gli prestassi vn po quel
    le calze rosate, & quella spada che voi gli prestaste
    hor fa l'anno, che elle voglion fare vna Comedia.
M.L. Si bene. Lucia, Lucia
Luc. Madonna.
M.L. Vien'insin giu.
Luc. Eccomi.
M.L. Tien qui, va su in camera, & apri quel cassone ch'è
    a piè del letto, & toi quella spada, & quelle calze ro
    sate che vi sono: & rinuolgliegile in vno sciugatoio,
    & recamele qui.
Ala. Gherardo, di tu ch'elle voglion far vna Comedia?
Ghe. Messer sì.
Ala. Oh tuoi, se ogni gatta vuol il sonaglio, insino alle mo
    nache voglion far le Comedie.

                                            Ghe.

Ghe. Io vorrei che uoi le uedeßi Alamanno. Elle ſi veſton da huomò con quelle calze tirate, con la bracchetta, & con ogni coſa, che elle paion proprio ſoldati.

Ala. Elle ſanno molto bene: ma la doucrebbon fare quella di M. Nicia, o quella di Clitia, ſe l'hanno à fare.

Ghe. E mi par che elle dichino di Dauitte à me.

Ala. Eh, quanto farebbon elleno il meglio attendere ad altro.

Liſa. Vh, non hann' ellen' hauer mai ſpaſſo ignun le poueri ne? che ſtanno ſempre mai dentro ſerrate.

Ala. Voi m'hauete inteſo.

Luc. Ecco le calze, & la ſpada.

Liſa. Tien qui Gherardo, & va via, che coſtui direbbe qualch'una delle ſue, & raccomandami à loro, & di che preghino Dio per noi, & che grammercie della inſalata.

Ala. Queſte calze ſi logoreranno pur prima ch'io le porti vn tratto.

Liſa. Oh io non le preſterò loro ſe tu non vuoi. Ma non ti ho io detto che io vo ſerbarle à quando tu torrai moglie?

Ala. Preſtatele pur loro, & fatte ciò che voi volete.

Liſa. Io non voglio, ch'io vekgo che tu mai fatto ceſſo. Da qua Gherardo. Tien qui Lucia, o portale ſu.

Ala. Oh, voi quel ch'io ho fatto. Inſine nel poco parlare è ſempre ogni buon taglio. Hor dategliene, che Gherardo direbbe, ch'i foßi ſtato io, che non gliene haueßi uo luto preſtare, & io non veglio.

Liſa. Horſu tien qui Gherardo, & di c'habbin lor cura.

Ghe. Laſciate far à me, Fate col buon dì.

Ala.

TERZO.

Ala. Infine mia madre frati, & monache ui cauerebbono il cuore: gli altri possono abbaiare:e'basta ch'elle ui mandano una insalata; Insalata di monache eh? E si spende piu a mangiarne à capo d'anno, che non si farebbe à mangiare starne, & fagiani.

Lisa Vh, tu sei di quei disamorati. Quest'è una gentilezza.

Ala. Che farà, come quell'altra di quei frati, à chi uoi fate la piatanza:che u'hanno data a intendere,che tutte le anime di coloro, che sanno lor bene:escono ogni anno a diciasette di di Settembre di purgatorio. E sai che uoi non gli uolete tener bene. Al manco io darei pur loro i danari, & facessino da loro, & non mi uorrei stillare il ceruello per tenergli per ordine.

Lisa. Oh, non sai tu, che non toccano danari.

A a. Oh, e'tengon chi gli tocca per loro, che è quel medesimo, & hanno manco quella briga. Anche mio padre teneua in bottega un cassiere, & non toccaua danari, & pur non era frate. Ma state a udire, che non consegnate uoi piu tosto loro quel poderuzzo da Montelupo, che rende quasi un fiorin piu che uoi non ispendete nella piatanza, et nõ harete piu a pesarui.

Lisa. Oh, non sai tu che e'non tengono anche beni.

Ala. O che tengon, l'entrate? Mia madre o sono piu saui di noi. Voi non conoscete questa ragia, e'fanno per non hauer a combattere come noi tutto'l di co'lauoratori: & hor si muor il bue, & hora il lupo toe le pecore. Guardate se gli hauuto saputo trouare un modo da poter hauer il mele senza le mosche.

Lisa. Oh sta un po cheto: sempre mai questi che studiano credon poco.

Ald j

Ala. Anzi credian appunto quello che s'ha a credere; & non ogni cosa, come voi.

Lisa. Her su io mi ti vo leuar dinanzi, che tu mi faresti mezzo perder la fede.

Ala. De mandatemi vn po qui Franzino, che io vo che è venga meco fuora, gran cosa che a questa mia madre dolga tanto lo spendere: & poi darebbe a monache, & a frati ciò ch'ella ha al mondo. In fin mal per loro se non fossero le donne. O Franzino.

Fr. Che comadate padrone.

Ala. Va insino al monastero ratto, & fatti dar quelle calze, & quella spada a suor Dimitilla, che io sono così rimaso saço, & pigliane quel partito che tu vuoi, pur che c'uenga il danaio. Fa presto che ecco di qua Lapo, che ti darebbe qualche faccenda, & viemmi poi a trouare inuerso piazza ch'io sarò là.

SCENA QVINTA.

Lapo, & Alamanno.

TV sta il ben trouato Alamanno. Io cercaua à punto di te.

Ala. Oh Lapo che ci è? Voleui voi nulla?

Lap. Dirotelo, & parratti forse vna cosa da non vi hauer mai pensato. Alamanno perche horamai lo star solo mi rincresce; & conosco che stando a questo modo, io verrei a noia non che altro a me medesimo: anche non ho vn gouerno come io vorrei, stando a mano di seruidori, io ho tolto moglie.

Ala. Come moglie? Che cosa e questa?

Lap.

Lap. Tu hai udito.
Ala. O se ui mancaua gouerno, non sapenate uoi uenire a staruene in casa nostra?
Lap. E chi sarebbe quello, che potesse con tua madre? Et anche tu uuoi tu fare à tuo modo. Et poi io uoglio essere signor di me.
Ala. Oh, haueui a fare una cosa simile senza conferirla, o consigliaruene con esso noi?
Lap. Alunanno io sono horamai in età, che io non ho bisogno di consiglio, ma che u'importa d'hauerlo saputo? Bastaui che io ho tolto vna fanciulla, che uoi non hauete da uergognaruene.
Ala. Infine uoi hauete fatto quel, che uoi poteui: tutta uolta uoi douenate pur direcue qualcosa.
Lap. Et che so io, se uoi m'hauesti guasto questo parentado. Io l'ho ben detto a qualcun de'miei, ma, a chi non ci ha passione, come uoi: & so se io ne sono stato consigliato, o nò.
Ala. Et chi sia stato, quella Salmistra di mona Gineura, che non mi uolle mai bene?
Lap. Io non so chi sia stato io bastiui che la cosa è fatta.
Ala. Egli è uero che le cose fatte si douerebbon lodare: ma io non son già mai per lodar questa: oh pur sia quel che uoi volete. Ma ditemi chi hauete uoi tolto?
Lap. La Fiametta di Ghirigoro de Maci, & cercaua di te perche io uoleua che tu uenissi meco stasera a darle l'anello, che tu sei il piu stretto parente ch'io habbia.
Ala. Dite uoi da douero?
Lap. Come ho io a dire?
Ala. Ei che ui da ella di dota?

ATTO

Lap. Nulla, ch'io non ho cerco se non d'hauer una fanciulla di buon parentado, & bene alleuata, che questa è la vera dota.

Ala. Lapo io non vo venirui: perche hauendo voi fatto poco conto di me, io non debbo farne anchora molto di voi.

Lap. Be, sia con Dio. Io v'andrò da me.

Ala. Vo non ui siate anchor andato.

Lap. Perche, di tu ch'io non vi son anchor andato? Che uuoi tu dire? Vorami tu brauare?

Ala. Io non vi vo bramare: Ma io so quel ch'io mi dico.

Lap. Voi non sarete a otta a guastarmi questo parentado, per redare la roba mia: ch'io l'ho di gia impalmata.

Ala. Lapo, io mi curo poco di vostra roba. Hassegli a ogni modo piu che a viuere in questo mondo fino alla morte?

Lap. Fatto sia non istentare, come potresti far tu, se tu nõ tieni altra via. Già non è egli altra diffirenza la metà della vita dal pouero al ricco (che mezza se la dorme cosi l'un, come l'altro) se non che il ricco viue, e'l pouero stenta. Ma lasciamo ire io ho fatto il debito mio à inuitarti. Vuoi tu venire?

Ala. Messer nò con voi.

Lap. Sia col malanno. Hor va, & non far mai piu conto, ch'io ti sia zio.

Ala. Et cosi farò, non hauendo voi fatto conto, ch'io vi sia parente.

SCENA

ATTO

SCENA SESTA.

Alamanno, Fattore,
& Ghirigoro.

Ala. OH guarda bella cosa ch'è questa, s'e non se ne facesse proprio vna comedia. Lapo ha tolto per moglie vna, ch'è già stata mia donna un'anno, è senza dota, & ha 54 anni, & ella n'ha 18. Et che sì, che questa sua pazzia mi seruirà a qualcosa. Io son ben certo che e'non mi puo gridar dell'bauerla tolta io senza dota, se l'ha tolt'egli: la fortuna per auentura potrebbe cominciare aprirmi qualche poco di spiraglio.

Fat. O quel giouane sapresti mi voi insegnare doue si stia qui intorno Alamanno Cauicciuli?

Ala. E perche? Chiesei tu? Che vuoi da lui?

Fat. Sono vno, che dir gli vorrei duo parole.

Ala. Dille à me; che io glie ne dirò io.

Fat. Messer no, io ho comissjon di non le dir se non a lui.

Ala. Tu le poi dire anchora à me, perch'egli, & io siamo vna cosa medesima, & ciò che sa egli, so io.

Fat. Insine io non le vo dir se non a lui.

Ala. Oh Dio, che puo esser questo? A dirti il vero, io son d'esso io. Di su.

Fat. Oh guarda bel modo perche io glie lo dica. Non farò.

Ala. Io dico che son desso certamente.

Fat. Io non lo credo, uoi me l'hareste detto al primo.

Ala. Oh toi se questa è bella. Va poi tua volere il giuoco di persona.

D 2   Fat.

Fat. Io voglio ire a veder s'io lo truouo.
Ala. Deh di gratia fattore, da poi che tu non mi vuoi credere, aspetta almanco qui tanto, che e' ci passi qualch'un che mi conosca.
Fat. Et anche questo non farò, che io non vorrei che'l maestro gridasse, ch'io fussi stato troppo. Voi m'harete per scusato.
Ala. Deh Dio, guarda a che partito io mi truouo, & fors'è qualchosa che m'importa: Costui mi fa proprio struggere. Insine sempre si vorrebbe dir il vero. Ma aspetta: dimandianne quel vecchio ch'esce la di casa che mi conosce. sei tu contento?
Fat. Sono.
Ala. Horsu, ringratiato sia Dio. Aspettianlo qui, poi che ei s'è volto per venire in quà.

SCENA SETTIMA.

Ghirigoro, Brigida, Alamanno, & Fattore.

Io vo insino in mercato, e tornerò hor'hora. Hami tu inteso.
Bri. Messer sì andate.
Ghi. Metti il chiauistello in quest'uscio. Questa mia figliola non mi ha mai risposto, ne de sì, ne de nò: & non ha mai fatto altro che rammaricarsi, & dir che si sente vn gran male, non so qual si sia la cagione, e gli par forse vecchio, e'bisognerà pur che l'habbia patienza che non si troua così spisso chi voglia moglie senza dota, come si trouerebbe chi vorre dota senza moglie

Ala.

TERZO.

Ala. Iddio vi guardi. Io vorrei che voi diceßi un poco a questo Fattor qui ch'io sono.

Ghi. Et perche cagione?

Ala. Perche ei non crede ch'io sia io.

Ghi. Oh, come nò? Non lo vede egli? Diauol ch'e' si pensi che tu non sia tu.

Fat. Oh guarda se si sono accozzati due a voler la baia di me : horsu sarà ben piantargli.

Ala. Doue uai tu Fattore? Aspetta di gratia un poco non ti partire: questi uecchi non intendono così al primo.

Fat. Io ui dirò il uero: e'mi par che uoi m'ucellate; & dir cui poi che uoi fußi un. Tant'è, io me ne uoglio andare al le mie facende.

Ala. Deh non ti adirar Fattore, aspetta un poco. A dirti il uero questo uecchio è un po sordo: però non ha risposto a proposito. Ma sta a udire hora. Ghirigoro uoi non m'hauete inteso, io uorrei che uoi diceßi a questo Fattore com'io son'io, perche ei non crede à me.

Ghi. Oh pensa quel che farebbe se tu diceßi d'esser un'altro

Ala. Ditegli un po uoi largamente ch'io sono io.

Ghi. Non m'ha egli horamai inteso? Che uuol egli ch'io gliene faccia un contratto. Hor leuateniui dinanzi tutta due, che m'hauete fracido. O guarda s'io haro a esser hoggi in baia di fanciulli.

Ala. Hor toi se questo uecchio fantastico me ha seruito ap punto. Deh Fattor dimmi di gratia quel che tu uuoi? che a fe di leal gentilhuomo io sono Alamanno io.

Fat. Orsu io ui uo credere, che uoi m'hauete pur aria d'huo mo da bene. Vn uostro seruidor paßò da bottega mia che n'andaua preso per hauere non so che spada, e' pregò

ATTO

pregò il maestro, che ve lo facesse intendere. Et per questo vi cercaua forse voi siate però desso uoi.

Ala. Io son desso per certo; & gramincerciè, che io n'ho obligo, & a te, & al maestro tuo a ristorarui quãdo io possa. Hor toi se questa è la giunta de' miei trauagli. Io aspettaua ch'e' prouedeßi danari à me, e' bisognerà che io ne prouegga a lui, perche egli esca di prigione. Et forse che e'nõ mi è mancato, quand'io nhaueua piu bisogno che mai. Horsu a rimediji: io uoglio andare infino al Bargello, le cose sempre si uogliono aiutare; & non si debba mai gettare in terra alcuno per disperato. Gli huomini ualenti si conoscono nelle aduersità, non nelle felicità, che ognun'uno par che giuochi bene, quando gli dice buono.

ATTO QVARTO

SCENA PRIMA.

Alamanno, & Franzino

O ho sì facilmente due de' miei trauagli acconci, anchor che e' sieno i minimi, che io ho speranza di douer uscir anchora hoggi de gli altri facilmente; l'uno è che io tornai dianzi a casa sẽza uno assegnamento al mondo di cambiare a mia madre quel quarteruolo, & dißigli, che gli era uno di questi scudi di Papa Pogolo, nuoua-

mente

TERZO.

mente sbanditi; & ella senza farne parola alcuna, me ne dette un'altro, ilquale (hauendo io cauato Franzino di prigione, che è l'altro da sodamento pur delle calze, & della spada, fino a che gli Otto ne sieno giustificati) mi ha seruito a mandar per lui certe cose alla Fiammetta; & è pure un pezzo; qualche diaualeria ci sarà di nuouo, poi che gl'indugia tanto à tornare, io gli dißi pure che uenißi subito in quà, & ch'io lo aspettarei qui. Ma eccolo appunto. Che facesti Franzino?

Fr. Detti ogni cosa a monà Laldomine, e dißegli, ciò che uoi mi dicesti?

Ala. Horsu sta bene. A pensare hora a quel che ci resta. Tu non sai quel, che io ho inteso da stamane in qua, che io ti lasciai.

Fr. Che cosa padrone?

Ala. La piu bella che si sentiße forse mai. Lapo ha tolto la Fiammetta mia per moglie.

Fr. Dite uoi daddouero padrone?

Ala. Daddouero, & ha ordinato di darle l'anello stasera.

Fr. Et Ghirigoro gle l'ha data, essendo cosi vecchio?

Ala. Ghirigoro ha fatto come fanno la maggior parte degli auari, che per non spendere maritano il piu delle uolte le lor figliuole, o a uecchi, o a rouinati.

Fr. E chi ue la detto?

Ala. Egli proprio, & uoleua ch'io andaßi stasera là seco a cena.

Fr. Oh toi bel fatto. Questo non farei io già.

Ala. Be che ne di tu Franzino? Che ti par da fare?

Fr. Io per me, se io foßi uoi padrone, lasciarei andar un

poco

poco la cosa à beneficio di natura, & starei a veder
quello che la Fammetta facesse.
Ala. Oh, le promesse che io gli ho fatte, & la fede che io
gli ho data?
Fr. Et chi ve lo puo prouare? e'non v'era se non donne,
& sapete che le loro testimonianze non vagliono.
Ala. Che hanno a fare con gli huomini di fede in testimo-
ni, che seruono solamente a sforzar quegli, che non uo
gliono osseruare le lor promesse?
Fr. Oh chi ha a saper questo, se non voi?
Ala. Oh, e'basta bene che io farei quello, che da me stesso
me ne pentirei. Perche il rimordimento del torto, che
io conoscerei d'hauerle fatto, non mi lasciarebbe piu
uiuer contento. Non sai tu che le piu graui, & piu co
centi ripensioni, che si possin dare a un'animo nobile
& gentile son quelle, ch'egli si dà da se stesso.
Fr. Io non so tante cose. Io cercherei di fare fatto mio, &
doue le leggi non mi obligassero, non uorrei da me
medesimo gia obligarmi.
Ala. Infin e'son pochi, che à lungo andar nel parlar non si
scuoprino. Gia non è egli altra differenza da gli huomini buoni a i tristi, se non che quei fanno bene, perche e'si debbe fare cosi, & questi per paura delle leggi quando eglino però ne fanno. Ma non piu, la Fiam
metta è mia, & per mia la uoglio: che e'non mi deb
be dispiacer quello, che m'è piaciuto una uolta. Et se
e'non ci farà altro rimedio dalle 24 hore in la, io me
n'andrò a casa sua, & dirò come sta il caso, & uorrò
uedere chi me la torrà: s'ella medesima gia non uolesse, che non lo posso credere. Ma io uorrei ben serbar

bar. questo partito per l'ultimo. Veggiamo adunque
se noi potessimo farci consentir a mia madre che ci po
trebbe forse ageuolmente uenir fatto, se noi trouaßi
mo un modo da darli ad intēdere, che questa fanciulla
haueſſe dota preſſo che ragieneuole. Di lei, & del pa
rentado, so io ch'ella si contenterebbe, per quanto io
ho potuto ritrare dal gusto suo. Ma dimmi, non si po
trebbe egli trouare uno amico che confeſſaſſe tenere
in su una bottega per dota, una quantità di danari,
che è quello che mia madre uorrebbe, facendogliene
una contrascritta, o dandogliene malleuadori in mo=
do che e' si contentaſſe? Et se non per molto tempo,
almeno per tanto che io la faceßi accettar in casa da
mia madre: poi qualche santo ci aiutarebbe.

Fr. Padrone uoi m'hauete fatto penſare in questo punto
a una cosa, che forse forse farà l'effetto che si desīde=
ra. Voi sapete che i' ho quel mio cugino frate del carmine, che confeſſa tante persone, gli ha appreſſo di se
di molti danari in depoſito di uarie brigate; io uo pro
uare se io poteßi persuadergli che ci metteſſe in uostro nome in su una bottega cinquecento scudi almanco per dua meſi, con quella buona ſicurtà che uoi dite,
moſtrandogli l'opra della carità ch'ella sia, & di quā
to bene ei sarà cagione; et in queſto mezo le cose s'ac
conciarebbono.

Ala. Tu hai pensato bene; ua dunque, & troualo ſenza in
dugiare. Ma nota, ſe ti pareſſe pur che egli ne ſteſſe
in dubio, mettigli questo altro modo inanzi; dica d'ha
uergli da suo padre nelle mani per maritar questa
fanciulla, & io ne lo ſicurerò, & ſaroglicne an=
chor

chor hauer vna scritta da suo padre, che e'non douerà parer fatica a quel vecchio maritare vna sua figliuola con l'inchiostro. & in questo modo anchora senza dubbio gli crederà mia madre, ch'ell'è molto amica de'religiosi. Hor su sa tu, piglia qual modo ti pare, & fa pur presto, & vientene poi inuerso il palagio del podestà: perche io voglio ire agli Otto a giustificare il caso tuo. Ma che fa il seruidore di Lapo con quel zanaiuolo, & con quante cose?

Fr. Io vo. Pensate a cotesto voi.

Ala. Certo è danno ordine alle nozze: ma ell'hann'errata, e son parecchi di che noi le facemmo, e'bisognerebbe piu tosto dar ordine al parto.

SCENA SECONDA.

Polo zanaiuolo, & Berto,
Seruo di Lapo.

BErto non disse il tuo padrone se io intesi bene, che noi portassimo a casa Ghirigoro de'Macci suo suocero, queste cose, & le cocessimo quiui?

Ber. Si disse. Perche?

Pol. Egli ha tolto la figliuola per moglie eh?

Ber. Tu vedi Polo.

Pol. Oh, non ha egli il modo cotesto vecchio a fare vna cena da se senza ch'el genero vi habbia a pensare?

Ber. Si, credo io: ma egli è il piu auaro huomo di Firenze.

Pol. Può egli essere?

Ber. Se e'puo essere: pon mente come e'ua vestito. Non vedi tu che e'porta sempre i zoccoli, & d'inuerno,

& di state? & va raccogliendo ogni fuscello, & ogni cencio che ei troua per la via.

Pol. Doh odi miseria che è questa.

Ber. Eh e' ci sarebbe da contar insino a stasera, ma io tene voglio solamente dir vna. Ei dice di andare ogni mattina innanzi giorno a mattutino di Santa Maria del Fiore: & va con un lumicino in mano cercando a ma niscalchi di quelle punte de' chioui che taglino, e poi le vende a pelacani: ma che bisogna dir piu? eglie quello che fu trouato frodar l'olio ne gli orinali, chi non lo conosce, non è da Firenze.

Pol. Ah, ah, egli è quel vecchio che vien qualche volta in mercato con quella sportellina sotto, che pare uno famiglio della grascia: & è tanto vantaggioso, che non troua hortolano, ne beccaio che gli voglia vendere anzi tutti lo cacciano, facendogli le baie.

Ber. Sì sì, cotesto è esso.

Pol. Oh e' si chiama de gli Homacci in mercato, non de' Macci.

Ber. Be, voi lo conoscete, io non ne voglio udire altro: & credo Polo che egli habbia de' danari, che io ho conosciuti de gli altri cosi fatti come è egli, che poi alla morte se n'è lor trouato qualche buon gruzzolo.

Pol. Se io piglio sua pratica, io voglio a ogni modo veder se e' mi vuol prestare dieci ducati, per aprire anch'io vn poco di trecone in mercato vecchio.

Ber. Si, tu hai trouato l'huomo. Io non credo che ti prestasse la fame, quando bene e' se la potesse spiccare da dosso.

Pol. Tu la intendi male Berto, che questi simili si giungono piu facilmente che gli altri, come si mostra loro qualche poco d'utile. E ne viene vn'altro in quel mercato, che non vi è picigagnolo, ne treccone, ne beccaio quasi, che non habbia danari di suo: & danno gli ogni di qualcosa, e'l capitale sta fermo. Cosi vo fare io con lui.

Ber. Oh, tu potresti tanto dire, pure io per me non credo che ti riesca.

Pol. Oh, eccoci a casa, picchia tu, che io ho le mani impacciate.

SCENA TERZA.

Brigida, Berto, & Polo.

Ber. Tic toc, tic toc.
Bri. Chi picchia?
Ber. Son'io. Aprite.
Bri. Et chi siate voi?
Ber. Son'il garzon di Lapo Cauicciuli.
Bri. Et che volete?
Ber. Venite giu, & vedretelo.
Bri. Vedete, Il padron m'ha detto che io non apra a persona; io non vorrei poiche e'mi gridasse.
Ber. Venite vn po in fin giu.
Bri. Horsu eccomi.
Ber. Parti che gl'habbi vna bella serua Polo?
Pol. Et chi altri starebbe cō vn suo pari, si glie come tu di?
Ber. Eglie anchor peggio. Tu odi e tengono il chiauistello ell'uscio il di: pensa quel che e' debbono fare la notte.

Pol.

QVARTO.

Pol. Egli hanno forse paura de'biri, chi sa?
Ber. Et con chi diauol vuoi tu, che gl'habbia debito, che non ha tanto credito, che e' leuasse vn figlio dalla colonna?
Bri. Eccomi qui, che volete voi?
Ber. Piglia queste cose, & andate su, te & questo cuoco, & mettete in ordine da cena per alle due hrre: che le manda il genero di Ghirigoro, che è cosi rimasto seco
Bri. Oh, come farem noi, che non ci è legne?
Ber. Ardete qualcuna di coteste masseritaccie vecchie. Su va là. Io andrò in tanto insino a casa, & poi tornerò in quà a veder se manca nulla, che cosi m'ha commesso il padrone; ma sta salda non serrare l'uscio, che io veggo venir di quà Ghirigoro che torna a casa.
Bri. V, cotesto non vo io fare, che e' vuol che io lo tenga sempre serrato.
Ber. Lascia fare à me: va sù, che starò qui io.
Bri. Vedete, habbiate cura, io vo.
Ber. Non dubitar, lascia fare à me. Io vo vedere vn poco quel che fa questo vecchio. Io veggo che ci viene molto borbottando da sè à sè, per la via. Lasciami tirare vn po da parte, che ei non mi vegga.

SCENA QVARTA.

Ghirigoro, Polo, &
Berto.

Io vengo di mercato vecchio, & sommi aggirato, aggirato per torre qualcosa da cena: & in fine ogni cosa vale vn vecchio d'huomo. Dimanda di carne,
dimana

ATTO

dimanda di cacio, o di frutte, ogni cosa è cara come il sangue: & non vi si puo por bocca a nulla. Et questo sì è che non vi è se non trecconi, & riuendugliuoli, & vanno prima le cose per sei mani. Io ho tolto dua paia di Colombelle, & un po di misalta, & questi due mazolini di fiori per gli sposi. Faremo il meglio che si potrà. Stringi gola, & passa hora. Io so che'l mio genero anche egli nõ ua dietro a pōpe, Et io nõ uo spēdere in una sera ciò che io ho, che chi sguazza per le feste, stenta il di di lauorare. Ma ohime io ueggo cosi l'uscio di casa aperto, & sento brigate in casa; che uorrà dir questo?

Pol. Mona colei porgetemi quella sporta.
Ghi. Ohime, che sent'io dire di sporta? egli haranno trouato e' mia danari. Ohime, ohime, io son spacciato.
Ber. Dissit'io che costui ha danari? & debbegli hauere in una sporta per quello che i'ho potuto ritrare. Ma sta saldo, io sento gridare, che fi ch'ei farà qualcuna delle sua.

SCENA QVINTA.

Ghirigoro, Polo, & Berto.

FVora, subrò assassino, ladro, io ti farò impiccare. Si che e'sì ua così per le case d'altri eh? Di che cerchaui tu sotto quella scala, che non ui stà se non spazzatura? Ribaldo, che credi tu trouarui?

Pol. Cercaua delle legne per cuocer quelle cose, che io ho recate, che le mandu il nostro genero.
Ghi. Io non so che genero, io, anzi cercaui d'imbolarmi

qual cosa.

Pol. Ghirigoro io non fui mai ladro, & uo tutt'l di per le case de gli huomini da bene a cuocere, & son conosciuto; & non mi hauete a dir cotesto.

Ghi. Tu m'hai inteso, leuatimi dinanzi che io ti spezzerò la testa ladroncello.

Pol. Vedete colà Berto seruidore del uostro genero, che mi ci ha menato egli, dimandate lui se io dico il uero. Berto, o Berto.

Ber. Che romore è? che differenza hauete uoi?

Pol. Ghirigoro che m'ha cacciato di casa a suon di bastone

Ber. Ohime Ghirigoro, che uuol dir questo?

Ghi. Come che uuol dire? costui che m'ha mandata tutta la casa sozzopra.

Ber. Oh, ei ue l'ha mandato a cuocere Lapo uostro per farui honore.

Ghi. Io non so che tanto honore io. Io non uo persona in casa, ei non douea mandarcello senza dirmi nulla.

Ber. Et l'ha fatto a fin di bene.

Ghi. Io t'ho detto. Io ho una serua che sa fare da se. Andateui tutta dua con Dio; & non mi spezzate piu la testa. Io trouerò Lapo io, & dirogli com'io la 'ntendo. Io non ho bisogno di tante smancierie.

Pol. Lasciatemi almen tornare in casa per la mia zana, & per la mia sporta.

Ghi. Et anche questo non farò, parti ch'ei l'hauesse pensata? aspettami qui, che te le arreccherò io.

Ber. Polo, che ti par di questo uecchio, riescie t'egli come io ti dissi?

Pol. Io per me non uiddi mai il piu arrabbiato. E' me ne
par

par esser ito bene, che non mi ha rotto la testa.
Ghi. Eccoti le tue cose; hor ua uia; & tu ua alle facende
tue, & non mi capitar piu a casa se io non lo so. Egli
è una gran cosa, che ogn'uno che uiene in questa casa
cerchi di questa benedetta sporta. Insino a mona Lal=
domine, che ci uenne dianzi s'era posta a sedere in
sul pianerottolo della scala, dicendo che era stracca.
Ella haueua fatto un gran camino bauendo solamente
passato un'horto. Io l'antendo a mio modo. Te se quest'altro dice; che circaua delle legne, & guardaua
appunto sotto la scala doue io l'ho nascosta. Ma che
uuoi tu meglio, che quand'io l'haueua a questi giorni
sotterrata nell'horto, una gallina, ch'io ho razzola
ua appunto doue ell'era, & haueuala quasi scoperta:
ma io me n'auuidi, & subito la leuai di quiui, e nasco
sila doue ell'è hora: pure ogni un ui cerca. Infine io
ho deliberato di cauarmela di casa: che hauendoci a
uenire in su queste nozze di molte brigate, io non uor
rei ch'ella mi fosse tolta. Lasciami ire per essa primar
che Lapo che uiene in qua mi sopragiunga.

SCENA VI.

Lapo, & Ghirigoro.

POI che io hebbi mandato il mio seruidore, & il
cuoco a casa il suocero, io me n'andai un poco
a spasso in santa Maria del Fiore: doue io ho riscontro di molti amici miei, & tutti mi dicono per una
bocca che io ho fatto bene, & these gli altri cittadi=
ni

QVARTO.

mi quando e vogliōn tor moglie cercaſsino di hauere
una fanciulla lor pari bene alleuata, & di buone brigate & non andaſſero dreto a roba, com'ho fatt'io, e
ſi uicrebbe molto piu in pace, che e non ſi fa. Ma hog
gi di nonſi va dietro ſe nō a danari. Donde ſpeſſo ne
naſcono queſti duoi mali, l'uno che ſe tu metti una fan
ciulla di baſſa mano in una caſa nobile, e non è mai per
roba che ella ui porti tenutone cōto alcuno. L'altro
ſe uno di baſſa cōditione per eſſer ricco, toglie una da
piu di luī, egli ha ſempre a ſtar poi ſeco, & co parenti. Ma non ueggo io la il ſuocero mio ch'eſcie di
caſa; egli è deſſo, ogni coſa mi piace di lui, fuor che
l'andar coſi meſchinamente ueſtito, & maſsime in ſu
queſte nozze. Io glie ne uo pur dir due parole. Bene
ſtia Ghirigoro, doue uai tu?

Ghi. Veniuo a trouarti.

Lap. Che ci è? Tu pari coſi alterato.

Ghi. Ecci, che tu m'hai mandato a caſa nō ſo che cuoco, che
mi ha meſſo mādato ſoʒopra tutta la caſa. Io ho una
ſerua ch'è uſa a far ogni coſa, e non biſognaua entrare in queſto ginepraio, non ti diſſ'io che non uoleuo
far troppo romore?

Lap. Si diceſti, ma in queſta prima ſera mi parcua pure da
fare in modo ch'elle pareſſino un paio di nozze, &
nō un mortorio; & oltr'a queſto uoleua ſpendere io.

Ghi. Oh, a coteſto modo ci ſi potrebbe forſe ſtare; ma tu
doueui pur dirmi qualcoſa, & non ſarebbe ſeguito il
diſordine, che è ſeguito.

Lap. Et che coſa è?

Ghi. Io giunſi a caſa, & trouando che colui mi rouigliaua

ogni

ogni cosa non sapendo chi e si fosse, uenni in collera, & caccialo uia.

Lap. Oh, questo è troppo. Tu doueui pur prima dimandar gli chi gl'era.

Ghi. Va tieni tu che e non sia fatto. Io sono d'una natura, che quando io m'adiro, e non è cosa che io non faceßi. Io andrei incontro a gli spiedi: ma io ritorno poi presto presto. Se tu uuoi mandarlo hora fa tu, che io non ho piu sospetto.

Lap. Io non mi uo dar cotesta briga: penseraui hor tu. Ma io uorrei bene, che in su queste nozze tu ti rasßettaßi un poco piu per honor tuo & mio.

Ghi. Lapo io non poßo & non mi si conuiene andare altrimenti. Gli huomini hâno a ire vestiti secôdo il grâdo loro: & chi non si misura è misurato. A me non piacciono costoro, che portano adoßo cio che gli hanno come la chiocciala; & non poßo anche fare altro.

Lap. Si potresti bene, hor mantengati Iddio que' che tu hai.

Ghi. Quella parola, che tu hai, non mi piace. Costui si sarà auuisato della sporta che io ho sotto.

Lap. Che di tu cosi da te?

Ghi. Dolgomi che io sono tenuto ricco, & Dio sa come io stò.

Lap. Io t'ho detto quello, che pare che mi si conuenga all'honor tuo & mio: hor fa tu quello che bene ti torna a me basta hauerne pagato il debito.

Ghi. Io son per far tutte quelle cose, che richiegga lo stato mio.

Lap. Hor su, fa cio che tu uuoi. Io vogl'ire insino al barbiere, & alle due hore ne uerrò a casa tua, & saremo al più un compagno & io.

chi. Vieni a posta tua, la Brigida harà ben ella ordinato ogni cosa. O porta mia tu hai tanti nimici, che e non bisogna dormire al fuoco a scamparti dalle mani loro Insino a questo mio genero mentre che io ho ragionato seco, non t'ha mai leuati gli occhi da dosso. Io ti nasconderò in lato, che'l diauolo non che altri, non potrà venirui a torniti. Io mene voglio andare al Carmine, che è vna chiesa molto soletaria et fuora di mano, & nasconderouuiti oue che sia, Domin che tu sia appostata anche quiui: & poi me ne tornerò a casa, e potrò senza sospetto alcuno aspettare il mio genero, dar l'anello alla mia figliuola, & far tutto quello, che sia bisogno.

ATTO QVINTO

SCENA PRIMA.

Ghirigoro, & Franzino.

IO ti so dire che io haueua scielto i luoghi doue nascondere i miei danari. Pur beato che Dio m'aperse gl'occhi. Io men'andai al Carmine & pel chiostro entrai in Chiesa per quella porta, che è fra il tramezo, & la cappella maggiore: & guardando per tutto & non ui ueggendo persona, mi ritirai nella cappella de Brā cacci, doue sono quelle belle figure di mano di Masaccio, perche ell'è un poco buia per nascondergli quiui

E 2   sotto

sotto la predella dell'altare. Ma io non ui fui sì tosto
dentro, che quei nomi, Masaccio, & Brancacci mi
spauentarono, ricordandomi che e nõ si sogliono por
re a caso. Per la qual cosa io men'andai piu la, & na
scosigli nella cappella de Serragli parendomegli hauer messi nel saluadanaio. Ma uenendomen poi in giu
pel mezzo della Chiesa, & veggiendo forse uenti per
sone fra donne & huomini, & tutte pouere, ginoc-
chioni, innanzi a uno altarino con un lume in mano
per uno, domandai uno di loro, che deuotione era
quella, ei mi rispose quegli sono i martiri, & noi facciamo le gite loro: non gli conosci tu? Be diss'io,
a che seruono queste gite? Come a che seruono?
disse egli. Chi gli uicita trenta dì alla fila, ha poi da
loro una gratia secondo e suoi bisogni. Fa tuo conto che e douenono essere alla fine delle gite che'gli ha
ueuono aria d'hauer bisogno, & la gratia era lor
presso: & la mia sporta sarebbe stata essa. Et forse
che e non haueuono il lume in mano da poterla trouare piu ageuolmente. Il miracolo harei fatt'io, & i
martiri harebbono hauuta la cera. Et sai che belle ri
sa e si sarebbono fatto di me l'un cõ l'altro poi in pa-
radiso. Io la detti subito a gambe, & ripresi la mia
sporta, & uscendomene fuora che io pareuo un por
co accanito, mi gettai quiui presso in San Friano, &
nascosila sotto quello inginocchiatoio, che è drento al
la porta appie di quel San Martino, & allui accesi
una candela, raccomãdãdogliela il piu che io poteua
& sapeua, dicendogli come io mi fidaua liberamente
di lui, & ch'ei facesse in modo che e sene potesse fida-
re

QVINTO.

re anche un'altro, & partimmi. Ben sai che io non fui prima fuor della porta, ch'io senti in chiesa un cane fare un grande abbaiare. Ohime dissi io, che sarà questo? Et tornando in la, trouai uno, che cercaua tutti quelli altari, & dubito che e non uolesse far qual che malia? che se bene lo raffigurai, io credo che gli stia con un certo Alamanno Cauicciuli, parente del genero mio, che è tuttauia in sull'Amore, & è uno di questi studianti, che ne sono maestri: & appunto s'appressaua doue era la sporta. Se quel cane non abbaiaua e faceua forse un bel tratto a tormela, che io mi sò poi ricordato d'hauermelo ueduto uenir dreto insino nel Carmine. Addio San Martino, tu me l'accoccaui. E dicono che tu desti del tuo al diauolo & diuentasti ne confessoro: hor lasciaui tu torre il mio alla verstera, & ne diuentauo martire. Io hò piu obligo a quel cane assai, & uorregli poter fare un piacere, che a quella candela che io t'accesi. Perche ei mi scoperse il ladro, & quella gli faceua lume a'mbolarmi il mio. Io la leuai di quiui & holla qui meco, & voglio ire hor'ora ratto ratto a nasconderla fra la porta alla croce & pinti, che vi sono certe catapecchie, doue non la trouerrebbe va qua tu. Et poi potrò con l'animo piu riposato tornarmi a casa, aspettare il genero mio. Se io non pigliaua questo partito, io non faceuo stasera queste nozze in pace.

Fran. Io non vo lasciar di seguitarlo, che se io gli potessi torre quella sporta, ella potrebbe essere quella, che acconcierebbe ogni cosa. Et che si che io non sarò ito al Carmine in uano, se bene io non vi trouai il mio Frate

poi

poi che io ho riscontro costui. Ma lasciami ir uia, che io veggo venire in qua mona Laldomine, che mi terrebbe qualche poco a bada, & io non vo perderlo d'occhio.

SCENA SECONDA.

M. Laldomine, M. Lisabetta, & Lucia.

HOrsu, queste nozze saranno pur come l'hanno a essere. La Fiammetta ba hor'hor fatto vn fanciul maschio, che nõ vedesti mai il piu bello: ei mostra buonamente sei mesi, & somiglia tutto Alamanno. Io l'ho lasciato & messo nel letto allato a quella pouerina, che non sa se non piangere? Et uoglio ire a dirlo alla madre di Alamanno, che io non vo piu stare a sua parole. Qui bisogna riparare innanzi che stasera vi vadia Lapo. Pensiui hora vn poco ella. Vn tratto egli è suo, egli non è il primo che habbi tolto moglie a questo modo eccomi a casa sua, io uo picchiare. Tic toc, Tic toc.

Luc. Chi picchia?

M.la. Son'io Lucia. Di vn poco a mona Lisabetta che venga insin giu, ch'io vo dirgli due parole. V, u, io mi sento tutta rimescolare, & uo tutta sozopra: & pur bisogna far del cuor rocca.

M. li. Oh, mona Laldomine voi state la ben venuta. Che c'è? hauete voi buone nouelle?

M.la. Vere son'elleno: ma a voi. & al uostro figliuolo sta il
farle

QVINTO.

farle buone, ò cattiue.
M. li. Obimè, che cosa è? come cosi?
M. la. Io uel dirò: ma io nõ uorrei che uoi l'haueßi per male.
M. li. Non dubitate dite pur liberamente ciò che uoi uolete.
M. la. Che so io? Le persone non piglion tal volta le cose a quel fine che le son lor dette.
M. li. Eh dite su. Che potrebb'egli esser però mai?
M. la. La Fiammetta di Ghirigoro de Macci ha fatto hor'hora un figliuol maschio.
M. li. V, che mi dite uoi? perdoniuelo Iddio.
M. la. Et dicono che gli è del vostro Alamanno, & è cosi.
M. li. Oh sciagurata a me. Et che ne sapete voi?
M. la. Se io non lo sapeßi, io non ue lo direi. La verità è cosi, egli è suo.
M. li. E bisogneria altro che parole.
M. la. Statemi un poco à udire se voi volete. Egli è forse un'anno che e cominciò a passare da casa sua, & a uagheggiarla: & sapendo com'io le staua allato, un giorno ch'io vèni qui a casa uostra e' cominciò a pregarmi che io foßi côtèta di portargli una certa imbasciata.
M. li. Oh, sciagurat'a uoi. Ecco i ragionamenti lunghi, che uoi haueuate insieme di quel che gli erano: ecco la intemerata che egli mi diceua. Et ben sia ella intemerata, ma ella ne farà peggio di lui.
M. la. Vedete, io nõ uoleua a modo alcuno. Et stetti un grã pezzo alla dura; pur poi uoi sapete di che natura noi siamo, e mi pregò tanto, che io le dißi non so che per sua parte: ma vedete tutte cose buone.
M. li. Oh, va fidati poi tu di persona. Ecco alle belle cose che noi attendiamo, o io mi sarei confessata da voi.

M.la. State pure a vdire. Ben sapete che ella uoleua che
io gli portassi la risposta, & nō uolendo io, ella commin
ciò a dirmi. Vedete se uoi nō lo fate, voi sarete cagio
ne che io lo chiamerò vn dì quando ei ci passerà sen
za rispetto alcuno. Nasse veggendo la cosa condotta
a questo io cominciai a trauagliarmene, & fecilo solamente perche quella fanciulla non capitasse male.

M. li. O sta molto bene, o non ui par'ella capitata?

M.la. Madonna no. Che la prima sera che egli le andoa
parlare, io volsi che egli dessi prima la fede di torla
per moglie.

M. li. Oh, fec'egli cotesto?

M.la. Fecelo, madonna sì.

M. li. Oh, sciagurat'a me. Oh questo è appunto quello, che
racconcia ogni cosa. Ebi mona Laldomine dabbene:
Mona Appollonia non mona Laldomine. Va fidati
poi tu di queste spigolistre. Leuatemiui dinanzi: &
s'ell'ha fatto il male, ella se lo pianga, mia nuora non
consentirò io mai ch'ella sia.

M.la. Oh, come farete voi?

M. li. Come farà ella.

M.la. Vedete, vn tratto egli è suo marito, e'l bambino lo somiglia tutto. Ma perche hauete voi così da disco-
staruene?

M. li. Eh noi sappiam molto bē come fanno coteste simili.
Credete voi che non ui sia ito altri ch'egli?

M.la. Credolo: anzi lo so & sonne certissima. Et se voi pu
re non uolete credere a me, domādatene tutta quella
vicinanza, che io non credo che ui sia non che altro,
chi l'habbia ueduta una uolta solamente alla finestra.

M.li.

QVINTO.

M. li. Eh, e si dice sempre cosi. Ma sia com'ella si voglia, mia nuora non sarà ella mai.

M. la. Et come farete uoi se Alamanno la uorrà? ch'è il primo che se n'ha a contentare.

M. li. Faccia come vuole, io so che qui non la menerà egli, che ogni cosa è mio.

M. la. Paru'egli però che ella sia di parentado da uergognarsene?

M. li. Madonna no: ma io so che il padre è pouero, & non uo che il mio figliuolo tolga moglie per l'amor di Dio, che ha trouato mille fiorini.

M. la. Et quando l'hauesse la dota che se gli conuiene?

M. li. Non so: pensareui all'hora. Ma non facciam piu parole; di me non facc'ella conto ignuno, & cosi egli se la toe senza dota. Et uoi non mi capitate piu a casa, che uoi m'hauete fatto quel ch'io meritauo.

M. la. Costei m'ha serrato l'uscio in sul viso molto adirata. Oh pure io ho caro d'hauergliene detto; perche secondo che mi pare, io ne ho ritratto, che se l'hauesse ragioneuol dota, ella se ne contenterebbe pure. Et per tanto io voglio ir' a veder di trouare Alamanno, & dirgli quello che ho fatt'io con sua madre. Ma doue ne ua cosi hora la Lucia? Certo mona Lisabetta la manda fuora a cercare di Alamanno. Io voglio ir via ratta, ch'io voglio trouarlo prima di lei.

SCENA

Lucia.

Alla buon'alla buona, che chi sta con altri puo ben dire di star in purgatorio; & chi sta con vedoue, che sempre hanno paura, che e nõ manchi loro il terreno sotto i piedi (com'al presẽte sto io) puo dir di star nell' inferno. Io ho una padrona di queste spirituali, che uanno a tutte le prediche, & a tutte le perdonanze: & nondimanco è la piu massaia, la piu misera, & la piu strana donna di tutto Firenze. Come ella è in casa, non resta mai di gridare, & d'arrouellare altrui; & fa peggio per le pasque, & per la settimana santa, quand'ella s'è confessata, che tutto'l resto dell'anno. Vedete, io ui prometto, ch'io mi sbigottisco quando e ne uiene la quaresima; ella ua alle prediche, & potete poi far conto quando ella torna a questa casa, che e ci torni il diauolo & la uersiera. Ell'è testè ogni mattina in piedi all'alba, & s'io non fussi leuata a par di lei, mal per me: & bisognami far le faccende di casa, che le ho a fare tutte io; che noi habbiamo un famiglio, che tutto'l di, Alamanno suo figliuolo lo manda in qua & in la; & s'io non filassi poi anche ogni di quattro, o cinque fusa, io sarei la mal raccattata. Io non so testè quello che ella si habbia hauuto con mona Laldomine, che ella tornò in casa, che pareua proprio il fistolo maledetto; & mandami a casa M. Gineura sua cognata, a dirle che uenga hor'hora insino allei. Che domin ci sarà?

Qual-

QVINTO.

Qualcosa harà fatto il suo figliuolo; eh, hoggimai egli ha ragione; ella lo uuole ancor tener sotto come quando egli era fanciullo, & non ista però bene. V, u, io non uorrei che Franzino che uiene in qua giu m'haueßi ueduto badare, che direbbe qualcosa alla padrona; sempremai questi famigliacci commetton qualche male delle serue; & maßimamēte di quel le che non uogliono ir loro alle belle come fo io.

SCENA QVARTA.

Franzino.

OH Dio, & chi è hoggi piu felice del mio padrone, & piu contento di me. Egli uscirà pure di tutti gli affanni suoi, & potrà liberamente goderfi quello che defiderà? & io ragioneuolmente ho guadagnato il pane per tutta la uita mia; e non mancaua se non danari a finire questi suoi trauagli, & questi son deßi. Ecco la sporta che il uecchio andò a nascondere lungo le mura: io gli addai adietro che ei non se n'auuidde, & stettilo a uedere di lontano; & la nascose fra tanti pruni, & tanta ortica; & copersela con tanti saßi, che io l'ho bestemmiato mille uolte, tanto mi son punto. O pure e sopporta la spesa. Io uoglio trouare un modo hora innanzi ch'io scuopra d'hauerla trouata, che questi danari seruino & per la dota del mio padrone & per la uita mia. Ma e sarebbe forse il meglio che io me ne steßi cheto, o che io m'andaßi con Dio con eßi, & non harei piu a stare a discrezione d'altrui.

E fi

E si dice volgarmēte, che gliè meglio un pincione in mano, ch'un tordo in frasca: & questo sarebbe tordo grasso: ogni dì non uiene altrui di queste uenture. Ma se io lo fo, la prima cosa, io porto pericolo di capitar male: perche il uecchio si potrebbe essere auueduto come io gli sono ito dietro. Oltra di questo manco ne suoi maggior bisogni al mio padrone, al quale io sono per le sue gentilezze infinitamente obligato. Doue che se io so opera, che e seruino per sua dota, egli di ragione non può mai piu poi mancarmi. Horsu pigliamo questo partito, che gliè il migliore. Ma ecco di qua Lapo, che s'è ritocco in su queste nozze. Ebime, che e si perderà l'acconciatura: e interuerragli come alla fantasima di Mona Tessa. Lasciami ir uia a trouare il padrone, che non mi tenesse qualche poco a bada, che mi par mill'anni di dargli questa buona nuoua.

SCENA QVINTA.

Lapo, & Gineura.

Questo dirmi hoggi la maggior parte de gli amici che io riscontro, buon pro ti faccia, e tu ti rifai del barbiere: mi pare un bel dirmi copertamente tu hai tolto moglie, e sei uecchio. Ma se l'huomo la toe da giouane, e peggio s'altri la toe da uecchio. Infine chi fa la casa i piazza o e la fa alta, o e la fa bassa. Ma nō è questa la Gineura? si è, doue ne ua ella cosi in fretta? Io uoglio un poco intenderlo. Gineura, oue ne uai tu cosi ratta?   Gin.

Gin. Oh, Lapo io ne ueniua a cercar di te.
Lap. Che c'è; hai tu buone nouelle?
Gin. Tu l'udirai. Io ti so dir Lapo che tu haueui digiunato la uigilia di santa Catherina, a tor la moglie, che tu haueui tolta.
Lap. Come cosi?
Gin. Essi scoperto che ell'era grossa.
Lap. Ohime, che mi di tu? puo egli essere?
Gin. Tu hai inteso.
Lap. Io non lo credo; Ma io dubito.
Gin. Eh, in uerità che tu credi anche bene: perche ella non è piu grossa, che l'ha fatto il bambino.
Lap. Certo? (pots.
Gin. Certissimo; Et dicono che glie d'Alamanno nostro ni-
Lap. Oh, tu mi fai ben'hor marauigliare.
Gin. La cosa sta come t'ho detto.
Lap. Oh tu Gineura, che chi dicesse, scoppiar possa la piu sauia donna di Firenze, diresti; che t'ho io fatto, che me ne consortaui tanto.
Gin. Fratel mio, a me è ella cosa nuoua; & giuroti per la fe de mia, che ognun di quella uicinanza se ne marauiglia; & non ui è chi si sia mai auueduto di nulla, anzi l'haueuamo tutti per una coppa d'oro, che io non uorrei però che tu credessi, ch'io uolessi meglio allei che a te.
Lap. Oh Gineura, questo non cred'io. Ma io t'ho un po toca nell'honore. Eh, non ti adirare.
Gin. Io non m'adiro, io dico il uero.
Lap. Dimmi un poco, come hai tu saputo questa cosa?
Gin. Dissemelo dianzi una certa Mona Laldomine, che sta
a casa

a casa allato a Ghirigoro, a mur'a muro, che passò à
caso da casa mia, che io ero in su l'uscio?

Lap. Et come cosi?

Gin. Ella sa come io son zia d'Alamanno, e dice che l'haue=
ua anche detto alla madre, & ch'ella fa mille pazzie.
E la sua serua è uenuta hor'ora a dirmi per sua parte
ch'io uada insin la; io peso ohe la mi uoglia per questo
Et hammi ancor detto di piu, che ell'è sua donna.

Lap. Come sua donna? Oh in che modo.

Gin. Hagli dato la fede di torla in presentia di non so che
donne.

Lap. Ah ah, non marauiglia che quando e si ragionaua di
dargli moglie, ei rispondeua si risoluto, fauellatemi d'
altro. Et vuolmi ricordare ancora che quando io gli
dissi hoggi, come io ui andaua stasera a dargli l'anello
ei mi rispose, voi non ui state ancor ito; e non mi uol
se dir perche, io pensaua che per essermi herede, e vo
lesse ingegnarsi di guastarmi questo parentado, oh
toi, in che trauaglio io mi trouauo, se la cosa non si
scopriua hoggi. Ma dimmi vn poco, che ti pare, ch'=
io faccia?

Gin. Vattene in casa insino a che la cosa si termini, che ogn'
un direbbe per Firenze, vello, vello; & non dubitare
se tu non hai potuto hauer questa, che sta per mancar=
tene un'altra.

Lap. Io ti dirò il uero Gineura, s'io esco à ben di questa, io
io non credo piu rientrare in altra, io ueggo che la
fortuna ha tenuto piu conto di me, ch'io non faceua
da me stesso.

Gin. Io andrò intanto a uedere quello che la Lisabetta uuole

QVINTO. 79

le, & poi verrò infino a casa tua, a ragguagliarti co
me passono le cose. Ma sta a udire, se la Lisabetta mi
domandasse parere circa al dargliene per moglie, &
menarla in casa, di che la consiglieresti tu?

Lap Come vuoi tu, ch'io la consigli, s'io l'haueua tolta io?
Gin. Io t'ho inteso; or su va via, che ecco di qua Alamano.
Lap. A Dio Gineura; fa ch'io sappia stasera in ogni modo
qualcosa.

SCENA SESTA.

Alamanno, Ghirigoro, & Franzino.

Venendo da gl'Otto, i quali ho in tal modo giusti=
ficati de casi di Franzino, che io non pagherò se
non la presura, io riscontro in mona Laldomine: la
quale m'ha detto, che la Fiammetta ha fatto vn fan=
ciul maschio, & che l'ha detto à mia madre. Rin=
gratiato sia Iddio, a tanto buono augurio; le cose
non possono andar se non bene. che intendo anche
che mia madre, se io hauessi vna dota pressò che ra=
gioneuole, ci s'accorderebbe, onde e mi par mill'anni
di saper se Franzino ha fatto nulla: ma fatto, o non
fatto, deliberato è quel ch'io vo fare, io non vo piu
che la meschina stia con l'animo sospeso; che forse an=
che comincia a dubitar della fede mia; la qual cosa sa=
rebbe cagione di raddoppiare il dolore. Ma ecco
di qua Ghirigoro, che par che si lamenti molto forte,
che si ch'egli harà saputo che la figliuola ha parto=
rito.

chi.

Ghi. Oh Dio, o sciagurato a me; io son rouinato.
Ala. Che ti dissi? e non puo dir d'altro.
Ghi. Oh pouero Ghirigoro, che partito ha essere il tuo; hor
    sei tu ben rouinato affatto; & non fia piu fatto stima
    alcuna di te da persona.
Ala. Oh Dio, io non uorrei che l'hauesse saputa ancora.
Ghi. Se io posso saper chi è stato, io gli farò quel che e'
    merita.
Ala. Io non uorrei che costui andasse a casa, & nol poten-
    do saper da lei, le facesse qualche male, che io lo ueg
    go molto adirato.
Ghi. Et non uo restare che io lo truoui.
Ala. Che fo! scuopromegl'io d'essere stato io, o nó? a ogni
    modo ei l'ha a sapere: el meglio sarà che io gliel dica
    innanzi che e uada a lei.
Ghi. Oh traditore, o assassino.
Ala. Ghirigoro, non ui lamentate piu, state di buona uo-
    glia?
Ghi. Come di buona uoglia!
Ala. Di buona ueglia sì; che quello di che uoi ui dolete,
    l'ho fatt' io.
Ghi. Tu eh?
Ala. Messersi, io.
Ghi. Oh ribaldo; & perche hai tu uoluto così rouinar me
    & la famiglia mia?
Ala. La giouentu fa di queste cose: habbiate patienza.
Ghi. Che giouentu? tu te n'auuedrai.
Ala. Io so ch'io ho errato: ma io ui priego che uoi mi per-
    doniate: perche io non l'ho fatto per farui male, &
    enne stato causa l'amore.

                                          Ghi.

QVINTO. 81

Ghi. O guarda che scuse. credeui tu ch'essend'ella mia, io non gli hauessi amore anch'io?

Ala. Credeuolo.

Ghi. Et sapeui ch'ella era mia?

Ala. Sapeuolo.

Ghi. Perche dunque la toccasti senza la uoglia mia?

Ala. Per tormela per me: & per me la uoglio.

Ghi. Et tu vorrai tenere a mio dispetto le cose mie?

Ala. Io non dico a uostro dispetto, ma e mi par ben che cosi sia di ragione.

Ghi. Se tu non me la rendi.

Ala. E che uolete uoi ch'io ui renda?

Ghi. Quello, che tu m'hai tolto, io me n'andrò a gl'Otto, & farò che tu me la renderai a ogni modo.

Ala. Et che?

Ghi. La mia Sporta.

Ala. La vostra Sporta. Et che Sporta?

Ghi. La Sporta de miei danari, che tu m'hai tolta.

Ala. Oh, oh, e non dice della Fiammetta, e non lo debbe sapere. Ghirigoro perdonatemi, io burlaua con voi. Io non so nulla di uostra Sporta.

Ghi. E non ti varrà negarla: tu me l'hai confessata.

Ala. Io dico che non so nulla di vostra sporta. Se voi dite pur da douero, cercatene altroue, & non state a mia bada, che io mi burlaua con voi.

Ghi. Come burlarmi, paionti queste cose da burlare?

Ala. Io mi pensaua che voi burlassimo voi meco. Credete voi però che io creda che un par vostro habbia una sporta di danari?

Ghi. Tu di il uero che io non l'ho, ma io l'haueua bene poco fa.

F

Ala. Et manco credo, che voi l'hauessi.
Ghi. Eh, ella non è cosa da buomini da bene vccellare vno
   che potrebb'esser tuo padre.
Fr. Padrone, che differenza hauete voi con costui?
Ala. Oh Franzino. Dice che glie stato tolto vna sporta
   di danari, & ch'io l'ho tolt'io.
Fran. Diauol fallo. Et in che modo?
Ghi. Dirottelo: Io l'haueua in casa, & per rispetto delle
   noze, che io ho a fare stasera, io pensai che e fusse be-
   ne cauarnela: & non sapendo doue me la trafugare.
   la nascosi lungo le mura, di poi dubitando di essere sta
   to veduto, tornai per essa, & non ve l'ho trouata: o
   sciagurato me, che riparo ha a essere il mio.
Fran. Et che somma di danari poteu'ella esser mai?
Ghi. Erano de fiorini piu di mille parecchi, o sciagurato a
   me.
Fran. Be, se la cosa sta cosi, uoi potete fare senza cercarne.
Ghi. Oh perche?
Fran. Perche chi l'ha hauuta si vede che è ito costà a posta
   per torla: & chi ruba una cosa non la toe per renderla
   s'ella vi fusse caduta, ella potrebbe bene essere capita
   ta alle mani di qualc'huomo da bene che ue la rendereb
   be, ma a cotesto modo io per me la so spacciata.
Ala. Per mia fe Ghirigoro, che Franzino dice il vero.
Ghi. Ehime, ch'io lo conosco bene, o meschino me come
   farò io!
Fran. Io per me non ci conosco se non vn rimedio, & facen
   dolo, sarebbe forse gran cosa che voi la trouassi.
Ghi. Et come, di vn po su figlinol mio.
Fran. Vedete di hauer mezzo con gl'Otto che mandassino
                                                        vn

QVINTO.

vn bando, che chi gli hà hauuti, nõ gli reuelando fra
dua giorni gli sia ammesso per furto. Et manifestan-
dolo gli guadagni mezi.

Ghi. Come mezi? E ti par dire vna fauola a te eh!

Fran. Hor fosse egli fatto il mercato così in seruigio uostro.

Ghi. Tu ci metti parole tu: nõ basta egli donargli cinquan
ta fiorini?

Fran. Io dico che sare buona spesa dargli mezi, et trouarla.

Gri. Perche?

Fran. Nõ hauete uoi detto che nõ l'hauete persa, ma che ella
u'è stata tolta da un luogo doue uoi l'aueuate nascosa?

Ghi. Sì hò, ma che importa questo?

Fran. Come che importa? Chi l'ha tolta, la vorrà per sè, e
se e non dubita di esser stato visto, nõ è per renderla,
se non con qualche suo grand'utile al sicuro, sì che fa
te a mio modo, che uoi non hauete altro rimedio.

Ald. Ghirigoro quel che dice Franzino è buon modo: &
quanto io per me vi consiglierei a farlo: che e puo mol
to bene esser che l'habbia tolta qualcuno di poco animo, che allettato dal guadagnar questi al sicuro, &
spauentato dal pericolo, ve la renda.

Ghi. Et gli Otto manderanneglino questo bando?

Ald. Da hora innanzi se voi non hauete altro mezo, e mi
da il cuore di ottenerlo a me, che vi ho dua grandi
amici.

Ghi. Hor su Io son contento di far quello, che uoi mi consiglia
te, ch'io conosco che quello, che dite è la verità.

Fran. Ghirigoro se voi non credete di farlo, non lo pro-
mettete, che gl'Otto ve lo faranno fare per forza.

Ghi. Io lo prometto, & farollo.

F 2   Fran.

Fran. Siate testimonij spettatori, ponete su la mano.
Ghi. Eccola.
Fran. Padrone ponete su la vostra.
Ala. Perche? Eccola.
Fran. Buon pro vi faccia a tuttadua, la Fiammetta vostra
  figliuola è moglie qui di Alamanno mio padrone.
Ghi. A che fare entri tu hora nella mia figliuola, che l'ho
  maritata? Attendiamo a miei danari.
Fran. Lasciatemi un po dir se voi volete. Et ecco qui la
  sporta de' vostri danari: la metà de' quali è mia, & io
  la dono loro, perche la serua per dota di quella.
Ghi. Tu uuoi la baia tu. Da qua la mia sporta, & lascia
  star la mia figliuola, che io dico che l'ho maritata a
  Lapo Cauicciuli parente qui di Alamanno.
Fran. Et uoi non potete, che gli è piu d'un'anno che ella era
  qui d'Alamanno che si dettono la fede, l'un l'altro di
  sposarsi, & ui uo dir piu là, che'l mal ch'ella finge
  d'hauere, è ch'ella è grauida di lui.
Ghi. Ohimè, che di tu?
Ala. Ghirigoro io uo dirui piu la hora io: dappoi che voi
  siate fuori, ella ha fatto un bambin maschio; & par-
  mi mill'anni di veder il mio figliuolino.
Ghi. Ohimè Alamanno che mi di tu? Et come hai tu fatto,
  ch'io non mi sia mai auueduto di nulla?
Ala. Non ve ne marauigliate Ghirigoro, perche sendo lo
  amor nostro honesto, & naturale, & non lussurioso,
  & lasciuo: & volendo io che ella fosse mia donna, ho
  sempre hauuto rispetto all'honor vostro, & mio, che
  io non uoleua essere il giuoco di Firenze.
Ghi. Oh Alamanno tu mi fai marauigliare.

Ala.

Ald. Certamēte, che questa è stata uolōtà di Dio: perche da poi che io la uidi insino a hora l'ho sēpre amata come si debbe fare una sua moglie. Donde ne è nato, che io ho hauto sempre tanto rispetto all'honor vostro.

Ghi. Et tu Franzino, dimmi un poco, come mi togliesti quella sporta.

Fran. Dirouuelo. Io ui riscontrai hoggi, che voi usciui del Carmine: & accorgendomi per certe parole, che io vdi dire, che voi cercaui di nascondere danari, vi venni dietro in San Friano.

Ghi. Ah, ah, e mi ricorda bene che io ti vidi.

Fran. E perche a fare che il mio padrone potesse godersi in pace la vostra figliuola come sua moglie che ell'è, non mancaua se nō danari, perche sua madre nō si contentaua che e togliesse moglie senza dota, io mi deliberai di vedere se io poteua trouargli, pensando che questi douessino acconciare ogni cosa, come egli hāno fatto. Et come uolse Iddio il disegno mi riuscì: che certamente è venuto da lui per cauare horamai di tanti affanni questi poueretti.

Ghi. Dapoi che e uuol così chi può, io nō uo gia io per me cōtrapormegli: anzi mi uo mutar al tutto di natura, che io conosco hora, che Iddio m'ha fatto questo solamēte perche io discacci da me l'auaritia, nella quale io son uiuuto insin qui. Et massimamēte poi che io trouai questi danari smurādo un mio casolaraccio. Et ueggo che Iddio me li mādo perche io ne maritassi questa mia figliuola; perche egli nō aubandona persona nelle cose necessarie. Et fors' anche chi sa' ne sono state cagione le sue orationi. E nō volendo io poi per la mia

auaritia

ATTO

auaritia dargliēli, uedi che modo egli ha tenuto a far
mi rauedēr dell'errōr mio. E però genero mio buono
io nō te gli uo dār solamēte mezi, ma tutti; perche tu
te gli goda insieme cō la mia figliuola, dapoi che io nō
gl'ho saputi goder'io; anzi ho hauti cēto uolte piu pē
sieri poi che io gli trouai, che io nō haueua prima, et
che io conosco non hauer'hauere per l'auuenire.

Ala. Buon pro ci faccia dunque di nuouo, & da capo.
Chi. O genero mio buono, buon pro ci faccia che benedet=
to sia tu per le mille uolte. Andian a cena a casa a ue
dere un po la Fiammetta, & quel mio nipotino.
Ala. Andianne, che e mi par anche a me ogn'hora mill'anni
di cauar la pouerina d'affani, e darle un po d'allegrez
za, che so piu di diciotto mesi sono quāte lagrime el=
l'ha gettato per mio amore. Franzino, ua, e truoua
mia madre, & Lapo mio zio, & di loro da mia parte
il seguito, & pregali, che s'accordino ancor loro alla
volontà di Dio, & che si contentino di quello che mi
son contentato io. Andianne chirigoro.
Chi. Andianne. O genero mio buono, che sia per mille uolte
benedetto il di che tu nascesti.
Fran. Horsu ognun si cōtēterà hoggi. Lapo uedrà il nipote
per uia che gli harà caro di nō hauer preso moglie; M.
Lisabetta harà a un tratto nuora, dota, e nipote; cose
che per gl'altri si sogliono fare a una a una. E a me nō
mācherà nulla; hauēdo bene il mio padrone. Spettatori
nō aspettate che noi siam piu fuori in scena, che det
to che io l'harō a Lapo et a M. Lisabetta, io uoglio
attendere a ordinare il pasto, e poi le noze. Alle quali
io u'inuiterei molto uolentieri, ma noi siate troppi.

IL FINE.

www.ingramcontent.com/pod-product-compliance
Lightning Source LLC
Chambersburg PA
CBHW020308090426
42735CB00009B/1275